解读 中国财富管理

李清昊◎著

中国财富管理行业从业者必读系列

中国商务出版社

图书在版编目（CIP）数据

解读中国财富管理 / 李清昊 著. — 北京：中国商务出版社，2017.1（2018.12 重印）

（中国财富管理行业从业者必读系列）

ISBN 978-7-5103-1756-9

Ⅰ. ①解… Ⅱ. ①李… Ⅲ. ①投资管理－研究－中国 Ⅳ. ① F832.48

中国版本图书馆 CIP 数据核字（2016）第325865号

中国财富管理行业从业者必读系列

解读中国财富管理

JIEDU ZHONGGUOCAIFU GUANLI

李清昊 著

出　　版：中国商务出版社

地　　址：北京市东城区安定门外大街东后巷 28 号　　邮编：100710

责任部门：国际经济与贸易事业部（010－64269744　　bjys@cctpress.com）

责任编辑：张高平　何　昕

总 发 行：中国商务出版社发行部（010－64266119　64515150）

零售邮购：010－64269744　contact@newbanker.cn

网　　址：http://www.cctpress.com

邮　　箱：cctp@cctpress.com

印　　刷：北京建宏印刷有限公司

开　　本：700 毫米 ×1000 毫米　1/16

印　　张：14.75　　**字　　数**：173 千字

版　　次：2017 年 1 月第 1 版　　**印　　次**：2018 年 12 月第 3 次印刷

书　　号：ISBN 978-7-5103-1756-9

定　　价：38.00 元

凡所购本版图书有印装质量问题，请与本社综合业务部联系。（电话：010-64212247）

序 一

财富管理与美食故事

李大爷这本书，说的是财富管理。我读的时候，正值下午茶时光，情不自禁想到了美食。于是借用美食，谈谈我的读后感。

好多东西，用美食来比喻，来剖析，就变得好理解了。治大国如烹小鲜，这是用美食来解读国家大事。既然那么宏大的话题，都可以用美食来解读，那我借用美食来解读一本小书，希望不至于太离谱。

谈美食的书，永远不会缺读者。食色性也，不奇怪。谈财富管理，依当下的情势，应该也是没错的，因为关心这个题材的人很多。李大爷在书里说：据那些有头有脸的投行报告，中国高净值人群数量已经达到1000万以上。不管你是高净值的投资人，还是帮高净值投资人出谋划策的财富管理者，看到这本书的题目，我猜都会有揭开面纱、一睹芳容的冲动。所以首先要恭喜李大爷选了个好题材。

当然，好题材单独构不成一本书的卖点，就好像不是每一本谈美食的书都会畅销。譬如我最讨厌的就是读菜谱。一盘色香味俱全的佳肴，沦落为菜谱的文字，就面目可憎，毫无生意了。当前市面上大量的财富管理书籍，就是财富管理的菜谱。甲乙丙丁，一堆逻辑，谈的都是投资组合的配方，有道理，没趣味。更要命的是，菜谱很难写出新意，大部分是你抄我、我抄你。是啊，投资组合的理论，要想推陈出新，难。

翻开李大爷这本书之前，我担心又是一堆菜谱。还好，谢天谢地，不是的，他没有把麻婆豆腐的配方重新唠叨一遍。如果一定要类比，我觉得这算是一本美食导游吧。李大爷导游得很讨巧，他的办法是讲故事，讲财富管理美食街的故事。他讲厨子的故事，讲店小二的故事，讲餐馆老板的故事，也讲那些食客的故事。皇家大餐、街边小吃，李大爷娓娓道来。在讲故事的过程中，他把财富管理的方方面面，都展现在你的面前，让你不禁莞尔，若有所得。不管你是财富管理这个大乐园的客人，还是从业者、公司老板，你都会发现，这本书讲的是你的故事。

财富管理，在中国是一个新兴的、快速发展的行业。高净值人群在迅速增长，需求也呈多样化衍变，大家在这眼花缭乱的世界里寻觅适合自己的那盘菜。截至 2015 年底，据不完全统计，国内财富管理业内有 4262 家银行业金融机构、68 家信托公司、91 家公募基金公司、67 家基金子公司、111 家证券公司、113 家保险公司，约 500 家第三方理财公司，从业人员共计 1200 万余人，管理资金数十余万亿人民币（不含银行存款）。对了，这里还没有把将近 2 万家私募基金公司算进来。在业内，第三方财富公司又称之为“财富管理公司”，从业人员 40 余万人，管理资金规模 2000 亿人民币左右。餐馆这么多，每家都在谋求自己的生存和发展，每家都有自己的跌宕起伏。于是就有大量的故事涌现。

李大爷恰好是写这些故事的最佳人选。为什么呢？因为他是这个行业的资深从业者。话说读万卷书不如行万里路，行万里路不如阅人无数。李大爷勤奋好学，一路过关斩将，读取长江商学院金融硕士，破万卷是肯定的。从业多年，飞遍中国大江南北，行万里路早已不在话下。他多年来浸淫中国财富管理的大千世界，风声雨声尽收眼底，阅人无数也不算夸张。所以他写这本书，可信。

还有一点，是读者的福气。就是这本书的文字很流畅，读起来行云流水，酣畅淋漓。一般来说，财富管理这种金融题材，很难写出人文情怀。但到了李大爷笔下，简单的行业回顾，都能带出一丝悲天悯人的意境："2014 年初的冬天，我到东莞出差，了解珠三角财富管理市场的竞争态势。在那个'秋风扫落叶'的日子里……"呵呵，这样的笔触，透出怜香惜玉的唐宋风韵，确实让人回味无穷。李大爷本科学的是新闻，毕业后在中央电视台做媒体，后来又到新东方教育集团做过市场宣传工作，再后来走上了金融的不归路。多番历练，成就了他的文人功底、金融气质，落笔也就自成一体。

希望读者享受李大爷的故事！

上海高级金融学院　胡捷

2017 年 1 月

序 二

财富管理是资产拥有者的必修课

财富管理在当今的中国是一个迫切的议题。

一方面，在过去的两年里，中国资本市场波动巨大。股市大幅起落，债市兑付违约集中爆发，房价过热出现泡沫隐忧。“如何让自己的财富不要在波动中蒸发，并实现升值？”成了几乎所有中产阶层人士心中最关心的话题。其实，从机构到个人投资者，在经济转型、资本制度加快改革的背景之下，无不面临资产何处配置，如何平衡风险与收益预期，如何实现良性资本回报的问题。

另一方面，微观层面的经营个体，亟需增量资金注入以解决各种发展问题，促进整体经济的转型。但以银行借贷和民间借贷为主的传统融资渠道，受制于自身制度和发展态势，无法满足转型经济新个体的融资需求，造成资金缺口方转求理财平台，进而对非牌照类的财富管理机构提出了更高的经营要求。如此庞大规模、且未经传统金融机构严格风控体系筛选的资产洪流，给直接服务于财富拥有者的财富管理机构们，带来了第一次尝试与牌照方并肩实践大规模资产配置的绝佳发展机遇。这是一场丑与美并存的野蛮生长。

然而，财富管理在中国作为新兴事物，并未获得与其关注度相匹配的一致理性认知。财富管理的认知核心，应该是对其功能的认知，即财富管理并非着眼于财富绝对值的大幅增加（一夜暴富），而在于防范已有财富相对价值的蒸发（保值增值）。另外，财富管理所有参与方，即需求方和服务方（包括行业机构及从业人员），都尚未搭建好对这个巨变行业的成熟认知体系。

正是在这样的现状下，《解读中国财富管理》一书的出现显得恰到好处。

首先，本书脉络清晰。投资建议篇、行业理解篇、职业理解篇的三大块分别针对财富管理行业的三类主要参与方：1）广大理财客户，2）如雨后春笋般涌出的财富管理平台，3）形形色色的从业者——理财顾问。

在投资建议篇里，作者着重从过往中国理财客户身上的种种偏见和误解入手，一针见血地指出这些错误观点的来源并给出合理解释，最后从专业的角度给予高净值人群切实可行的指导。在行业理解篇里，作者则从宏观的角度开篇，指出经过 2015 年行业真金白银的试水、行业领跑者的进一步分化以及细分领域龙头上市带来的信息完善披露，加上美联储加息等关键事件的触发，2016 年迎来财富管理元年：投资人趋于成熟，role model 的示范作用显现，愈发不稳定的投资环境和更加互联网化的作业方式，使得财富管理行业真正靠专业知识和从业道德吃饭的时代到来。在这样的背景下，进而分析一家专业、规范的财富管理企业所应具备的能力和亟待解决的问题。最后在职业理解篇里，又回归到从业者本身，更多从实操的角度，为理财顾问提供从思考方式，到职业素养，到业务沟通方法的全面培训。

其次，针对各有侧重、详实专业的内容，作者的行文绝非说教，而是由现象入手，针对现实问题，用通俗的语言做出剖析和回答。如谈到热点事件e租宝非法集资时，作者先提到投资人的普遍疑问，即互联网金融是不是都不靠谱，再给出不要迷信高科技和广告，先冷静地根据金融本质和投资常识做出初步判断的建议，最后，回到平台风险控制体系的评估和审查要点上。

最后，作为资深从业者，作者一方面提出宏观角度的思考，另一方面落脚点着重在实际操作中的风险考量和客户沟通。比如在谈到投资理财的傲慢与偏见时，作者一方面表示自己相信科技的发展能带来效率的提升，相信创新的力量，乐观地鼓励客户积极参与投资获取收益。但另一方面，指出现阶段客户在提出各种需求时往往忽略了最基本的风险因素而自带偏见。

正如本书所述，不管从宏观经济的阶段还是机构、个人财富管理的需求来看，展现在我们面前的是一片财富管理市场的蓝海。具体来说，应围绕财富管理的核心——资产配置的能力和投资者风险偏好的区分；针对相应的管理难点——投资者教育，行业规范的建立和财富管理核心人员的培养，有的放矢地解决目前市场上的各种问题和不规范。最终，构建一整套适合中国市场的成熟的财富管理体系。

未来，正确的财富管理理念将成为每一位资产拥有者的必修课，蓬勃的财富管理市场，将成为中国经济健康发展的标配。

华泰联合证券　王禹媚

2017年1月

序　三

听李大爷娓娓道来

中国居民资产负债表的扩张与结构调整，既是中国经济投融资从间接融资转向直接融资的关键，也是金融深化的必由之路。可问题在于，当今中国，谁是驱动这个进程的主力？是光鲜亮丽的资产管理机构，还是野蛮生长的财富管理机构？在当下的中国，对于北上广高净值人群之外的各色人等，理财意识、自我评估的能力、风险管理的能力、资产配置的观念都需要持续的、易得的、面对面的金融服务才能逐步建立起来。做正确的事比把正确的事做好更重要。从这个意义上讲，我们需要的是财富管理机构而不是资产管理机构当此大任。

如果要刻画当下居民理财的基本特征，大概是焦虑、想改变但却不知道要什么。因此，这是一个典型的供给创造需求的局面：财富管理机构选择为客户端出什么样的一桌菜引致了客户对相应金融产品的需求。财富管理机构及其从业人员的品质相当程度上决定了客户事后的服务体验。

可是，中国的财富管理行业是一个自下而上、草根生长的行业。其好处是接地气，冲劲强，对新事物的接纳力强，但问题也显而易见，相对于高大上的资产管理机构的从业人员，财富管理行业的从业人员从整体上看相应的知识储备、阅历经历还不够完整，视野不够开阔，他们亟须吸取有用的复合养分来补充自己。

在我看来，《解读中国财富管理》就是针对中国独立财富管理行业从业者的“纽崔莱”。

“不端着”是本书最大的特点与亮点。本书作者“李大爷”并没有真的像长辈那样端着架子、板着脸讲一通高高在上、云里雾里的高深理论，反而像搬个小板凳坐在你身边娓娓道来的说书人，把天南海北、左邻右舍发生的新鲜事他给你一一道来，以前不大明白的高深之处他能给你深入浅出地讲明白了。本书像一本形象、生动、绘声绘色的故事会，听故事的过程中不知不觉就已润物细无声了。我想，这大概也是顶级的财富管理人员跟客户面对面交流最可贵也最可爱的品质吧。

由于本书“寓教于事”的特点，对于认真阅读之后又有了更多业务经历的专业读者来说，也许有一天会不经意意识到，以前在本书中读过的文章还能悟出更多的东西。希望读者能和我一样，在读了本书心有所悟之后能会心一笑。

鸿道投资　孙建冬

2017 年 1 月

目　录

投资建议篇

行业理解篇

职业理解篇

投资建议篇

拿什么拯救你，中国的理财客户？（上）

2015—11—02

2014 年初的冬天，我到东莞出差，了解珠三角财富管理市场的竞争态势。在那个“秋风扫落叶”的日子里，东莞俯拾即是唤作“某某财富”的公司，兜售着各式各样的高收益理财产品。一年期，固定承诺的收益率 13%~15%，是非常平庸的表现。不送十台 iPhone 6 或者两个迪拜双飞游，都不好意思说自己在做品牌促销。

就在上个月，我再次到东莞出差，事情发生了一些变化。当地财富管理行业从业者的薪资平均水准，较 2014 年有了至少 50% 的提高。一波新的互联网理财和财富管理公司正大张旗鼓地开展业务，而 2014 年初那几个当地响当当的理财机构，正在装修门脸，换上一个新招牌。当然，旁边的美容美体城倒是没变，这些财富管理公司的员工早上和旁边的伙伴一起做早操。感谢中国的理财者，你们为这个正在经历经济转型、急需新的业态和创新趋势的国家贡献了一个新的大生意：财富管理。

那么，为什么中国一时间会出现那么多的财富管理公司？简单的理解，是需求驱动的现象。中国有着广大的投资理财需求，老百姓富裕了，有闲钱了，所以想要钱生钱，做理财，顺理成章。还有一堆这个私行报告、那个白皮书，说中国有 1000 多万的有钱人，他们有很大的投资需求。这种理解不能说错，记者可以这么写。但我问两个问题。

问题一：财富管理公司是生意，是生意是不是就必须挣钱？且正是因为挣钱，所以才越来越多地吸引资本和人才的涌入？

问题二：既然挣钱，那挣的是谁的钱？中国到底有多少家财富管理公司（或机构）是、并且能，靠挣理财者的钱获利和持续经营？

实际上，目前市面上，绝大多数财富管理公司从来没有从投资理财者手中直接挣过钱。即使偶尔收了一点账户管理费或者咨询服务费，但那最高不过 2% 的收费，还不足以覆盖公司的运营成本和理财顾问的业务佣金。

挣资金盈余方的钱，现阶段只是一种想象。Until 某一天或某种场景下，资金盈余成为某种意义上的成本或负担，而有专业能力的“中介”能够帮助资金盈余方解决这种经济意义上的“负担”，变成本为收益，那财富管理公司的挣钱逻辑才有可能发生变化。但就目前而言，中国 98% 的财富管理公司（或机构）还不具备这种能力。

既然那么多的财富管理公司在挣钱，且挣的不是资金盈余方的钱，那么，真相自然浮出水面：挣的是资金短缺方的钱。由于实体经济的种种原因，资金短缺方越来越多，融资主体对资金的需求模式、融资结构、利益分配机制不断演变，而传统的融资方式无法满足融资需求。因此，打着财富管理公司（或机构）的旗号和平台，借着国家金融改革的大势，用投资理财的招牌包装“圈钱”的本质，同时愿意为此支付很高的融资成本，来满足理财客人对投资收益的需要。这句话，就是中国目前财富管理行业方兴未艾的本源。

当然，资金融通本来就是金融的属性。“圈钱”二字本身也不必非带来负向联想和罪恶感。表达方式，在金融界里是十分专业的活计。我说圈钱，大家觉得很别扭。我说融资，你会觉得好得多。我说互联网金融平台提供的投资机会，你是不是就有点兴趣了？如果我改成说："a unique investment opportunity on innovative technologies and industries world wide"，管它看懂没看懂，你已经准备听我继续讲了。

写到这，故事的基本背景算是说了一个段落。接下来准备写一些文字，与理财者和行业里负责任的同仁探讨一些特别接地气的问题。接地气，非学术、非 zhuangbility、无数学和英语阅读障碍。比如，作为非行业内人士，到底如何挑选投资理财产品和项目？哪怕不是每个都懂，但有没有一些大的指导方针和原则？作为行业内人士，我们到底如何看待和了解自己推荐给客人的投资产品和项目？在中国的理财者和投资顾问之间，到底是一种什么关系？我如何看待你，你如何认识我？

这个行业里充斥着两种偏见。一种是神秘化精英偏见：只有那些受过高大上专业教育和具有超大牌经历的精英们，才懂什么叫投资理财。所以，一般人就不用多问，说了你也不懂。你就把钱交给我这种专业的人干专业的事吧。一种是野路子去专业化偏见：学啥学，不用懂，不就是搞关系、走内幕那点事儿吗？谁都能干。于是，见到很多二十六七、大学没好好念、读《货币战争》学的金融、数学处于初中水准的投资顾问，在为中国的理财者提供未来 20 年的投资建议。

这都不太好。

拿什么拯救你，中国的理财客户？（中）

2015—11—04

今天在深圳，和当地同事们做交流和分享，思考关于中国财富管理行业长期发展的路径。一上来，我先分享了一个近期经常讲到的场景：

一位 40 多岁的男性走进位于城市江边顶级写字楼的一家财富管理公司。办公室很高大上。客户是企业主，虽然生意不算大，但每年个人财富的净增长大概也在近千万级别。除了自己做生意 20 多年来，潮起潮落、历经风雨，他自己投资的经验也不少。20 世纪 90 年代后期，他便开始买股票；5 年前，多少接触了一些股权投资；现在手里刚好持有一家之前投过的科技公司的股权，而这家公司上周刚刚在新三板进入了某券商的做市名单。

他在一间挂着“VIP Room”牌子的房间坐下。此时，走进两个穿着正式、身材干练、颜值不错的年轻人。几句寒暄和互相认识之后，年轻人便开始循循善诱地谈开：“您目前的财务和投资组合可以如何调整。您应该如何看待全球经济趋势和各类风险，如何理解目前的市场表现和窗口机会。最后，您可以如何投资和配置各类资产。”

这就是每天发生在中国财富管理行业的真实场景。我们的富裕人群，在中国的财富管理行业里，几乎见不到和自己年纪相仿的投资顾问，更不用说找到和自己资历、经历、阅历直接匹配的投资顾问（30多岁的投资顾问，在绝大多数机构里已经是名副其实的老人了）。不过今天的要点，并不是去分析为什么会有这样的现状（这是从业者需要理解和分析的，随后几篇中再讲）。这两篇文章想要与各位投资理财者分享，面对这样的现实，我们该怎么办？

大多数投资理财者并没有意识到，你在那件房间里经历的，首先不是一个被服务的过程，而是一场真金白银的谈判。在这场谈判中，你的对面如果受过半点基本的职业训练，懂得如何自然而然、令人舒服且严谨科学地执行一个叫做“KYC（Know Your Client)”的结构化交谈，便可以很快地了解你的基本财务虚实和决策及行为特征。

这场谈判从一开始，你就处在“信息不对称”的缺信息一方。虽然经过一小时、数小时的谈话，你听到了很多信息，但请注意，你所听到的和理解的信息，其实是 TA 之前经过精心准备、思考，希望你听到并照此理解的信息。在这场谈判的现场，你有且只有两个结果：

一是成功被交易对手说服，于是按照 TA 的说法进行投资。You won（至少即期看，你完成了自己的投资任务，开启了钱生钱的过程），and he/she won at the same time。

二是没有被交易对手说服，你离场停止谈判。You won nothing，but，he/she lost nothing。不过可惜的是，还有一种场景，即按照前述第一种情况，你按照 TA 的说法进行了投资，但这笔投资在未来的某一个时点失败了。

于是，You lost an arm, 不幸的是，he/she still won。在这场博弈中，从一开始，你的对手就 can’t lose，而你理论上只有四分之一的概率会赢。

有的理财者会认为，那我彻底不看、也不去挑选投资顾问，我就看这个财富管理公司或机构如何。听起来似乎是不错的方法。但在广大的中国，这招不灵——除非你满足于只买银行的理财产品或者那些被归于“屌丝理财”的低收益机会。

原因一，绝大多数中国的财富管理公司都没有超过 5 年、甚至 3 年的业绩历史。它们可能连一个投资周期或一个投资项目都还没有完成过。你无法对这样的财富管理公司给出的资产配置和项目做出有说服力的评价，不论其项目本身是否靠谱。相反，你的投资顾问可以是一个工作时间 10 年以上、具有高质量专业学习和资深工作经历；并且，TA 其实是可验证的客观存在。很多时候，包装一个人要比包装一个公司难得多。

原因二，企业是由人构成的，尤其在财富管理这样典型的智力密集型、以人为本的行业，投资顾问是这个公司最基础的竞争力和产品。了解和比较这个公司最前端的人才是否符合标准，本身就是衡量这个机构综合实力最重要的指标之一。

原因三，你的投资顾问是你所有隐私信息和个人投资情况的输入输出端口，不看投资顾问、只看公司，缺乏现实中执行落地的可行性。

最后一点，也往往是被理财者忽略的要点：当你找到了一个靠谱的投资顾问时，很大概率上，你已经找到了一个靠谱的财富管理公司或投资平台。他的职业选择，很大程度上已经保障了你的利益。因为这家公司，捆绑了 TA 的职业前景、个人信誉、经济收入、社会关系，最重要的，资源安全——就是你，他的客户。

总结第一句话：为自己找到一个合格的投资顾问，是合理投资理财第一步，且关键一步。

拿什么拯救你，中国的理财客户？（下）

2015—11—06

入流的投资理财顾问分三个段位。虽然咱不排除在不入流的从业者中，也能出现如徐翔一样自学成才、天赋异禀的鬼才，但因是小概率事件，我们忽略不计。

初级段位，是大多数理财者平日里主要会接触到的，英文职位叫 Relation Manager，中文职位叫“客户关系经理”。岗如其名，他们的职责核心是 Relation，关系；其主要任务，是维护和优化与客户的关系，为客户解释和分析基本的投资理念、趋势、策略、方法，对客户感兴趣的投资项目或理财产品提供基本的投前、投中、投后咨询和支持服务。

高阶段位，常被称为“投资顾问”，investment consultant。他们的职责核心是 consulting，即投资分析和建议咨询；他们结合对客户个人财富（personal）、生意（business）、家庭（family）等各个方面信息的部分或整体了解和分析，为客户制定科学、详尽的投资策略和资产配置计划，并持续跟进执行和监督优化。优秀的投资顾问，能够掌握贯穿保险、固定收益投资、资本市场相关、一级市场股权投资、金融衍生品投资、不动产 / 大宗商品、海外投资等全投资图谱的核心知识和风险收益分析能力。高阶段位的人才，在目前中国的财富管理行业里，属于凤毛麟角的人才，极难培养、极为珍贵、价值不菲。

顶级段位，我可能需要写篇离骚体的文字才能充分地修饰和形容。但在今天这个时代，可以用最简单的方式来给出角色画像：《琅琊榜》里的梅长苏。

大多数中国理财者，是通过客户关系经理为自己服务。所以，咱先来说说一个合格的客户关系经理应该长啥样。

首先从知识技能上看，必须接受过体系化的金融、经济专业学习，长期坚持参加最新的投资理财培训，掌握最新的资讯、投资知识和技术，通过或考取财富管理机构内外、具有行业标准水平的相关资质和证书。

简单几个硬本本帮助理财者判断：大学本科是基础线；理工科、法律、金融、经济类硕士或 MBA 是行业人才常态；AFP/CFP/CPB/CFA/FRM，是几个在专业投资训练方面的加分项；个别中国领先的财富管理机构，有自己内部的专业资质认证体系，也可以详细询问、了解，属于判断客户经理及其机构是否靠谱的加分项。

其次，对广大中国的理财者来说，我建议使用更加管用的“3•2•1”判断法：

何谓“3・2・1”判断法

（1）了解 TA 在做客户关系经理或投资顾问之前的主要工作经历

不一定非要和金融投资直接相关，但必须有值得信赖和可查验的职业过往。

“三不取”：每半年换一个工作的人不取；没有严格体系化金融

投资专业学习和从业经验的人不取；过往有任何一丁点职业污点的人不取。

圈子不大、互联网发达，只要愿意查，大多数情况下还是能查到的。这一条不适用于应届毕业生，但如果遇上应届毕业生作为你的客户经理，请将该标准适用到他的直接上级。

（2）倾听 TA 关于国内外宏观经济形势和个别市场事件的看法

不是为了得到什么所谓正确的答案，而是通过倾听，使用“两不用”原则：

一不用，谈经济金融现象完全无基本思考逻辑的人。比如：说到宏观经济，不懂得沿着增长、通胀、就业和国际收支平衡的逻辑展开的人，不懂谈 GDP、PMI/CPI、就业 / 失业率、利率 / 汇率的人；说到投资配置，不能够解释美林投资钟、理财金字塔或标准普尔资产配置象限图的人。

二不用，谈到自己对投资市场或新闻焦点的看法时，观点偏激、特别乐观或特别悲观的人。谦逊平和、情绪稳定、不温不火，是绝大多数合格投资顾问的职业秉性。

你是个什么样风险偏好的人都没关系，你尽可以“赌性十足”或“畏首畏尾”，但你的理财顾问，必须是一个冷静中庸的人。投资决策是你自己做的，但你的顾问不是用来“拍马屁”或“添油加醋”的。

（3）让 TA 带你去深谈他公司里至少一个上级

然后，使用上述两条去了解这位上级。我把这个原则叫做“一验证”。物以类聚，人以群居。而一家财富管理机构，不是抽象的存在，更不是空洞的牌子，而是由一群真人组成的组织。如果 TA 靠谱，那 TA 不可能去找一个不如 TA 的人做自己的老板。

在上篇中我提到，所有具备基本职业素养的理财顾问都会做一个动作，叫 KYC，Know Your Client，了解你的客户。为了让投资理财者在谈判和交易的过程中，最大程度地解决信息不对称而导致的交易对手风险，你也要有自己的 KYC，Know Your Consultant，了解你的顾问。

e 租宝出事后，终于到了理财者愿意坐下来，仔细看看的时候了

2015—12—10

近日从上海出差回北京的路上，翻看着 e 租宝出事的新闻。并不惊讶，却有一丝心烦。刚发了一个朋友圈谈感受，很快就收到一位顶尖风险管理专家的微信。前辈问我："国内理财者对此事将会如何反应，这一事件对中国的互联网金融和金融创新又有何种影响？"之后，不停收到多个投资人的微信，紧张询问："P2P 和 e 租宝有啥区别？互联网金融是不是都不靠谱啊？"

大家都别慌。同时，咱们都认真点。终于到了理财者愿意坐下来，仔细看看的时候了。

第一，e 租宝不是 P2P。人家自己广告里都说自己是 A2P，是所谓融资租赁和互联网 + 的创新。抱歉，其实我一直没有看懂。目前为止，看了很多篇各色文章在分析其中问题，但因为没有一篇是咱经手写的，所以我都不 100% 地采纳。

第二，虽然我从来都看不懂 e 租宝到底是玩儿啥的，但基于自己的从业经验和风险常识，我从第一天起就告诉同仁和投资人：在目前中

国经济现状和信用风险的宏观环境下，以融资租赁这种本来相对低息的资产类型，却能无限量供应给投资者百分之十几收益率的投资资产，给出好几个点的佣金，让中层经理都100万以上的底薪，还能大把砸钱给包括CCTV在内的各类最贵媒体做广告，这，难以符合投资和风险管理的常识。

第三，想起我曾经面试过的年轻人，最后选择加入e租宝的；我见过的客户，最后选择投资e租宝的，经济学家朱宁教授课堂上的一句话，完美地形容这种现象：你永远无法叫醒装睡的人。

以下这些内容，是我在2015年初写的一篇文章，同时也是年初几个活动中讲过的话。摘录几段如下，再补充点注释。一来，建议那些分不清什么是正经P2P的投资人、从业者看看；二来，建议那些想醒的人，也看看。

何谓P2P

P2P借贷，英文叫Peer to Peer Lending，中文翻译可以叫 人到人借贷，作为一种金融现象，不管它是否基于互联网或移动互联网，不论它是否利用大数据或者某种高科技，无论它的投资收益率是8%、还是18%，作为一个投资人，您需要理解和分析的基本点，都逃不出几个基本要素：融资人、支付通路和投资人。

——先不要迷信高科技和广告，先看金融本质和投资常识

一句话来说，P2P就是有资金需求的借款人，通过某种形式的平台，向有资金富余的出借人融得资金，用于消费或生产经营等目的。

相对应的，有富余资金的出借人，通过某种形式的平台，向有资金需求的借款人借出资金，收取一定的利息作为收益。这其中，

本质上就是人与人的借贷行为，并遵照不同国家的法律法规，结合不同市场的借贷监管和利率环境，做出相应的合同设计、风险管理、流程安排、定价和监管规范。

——这不是租宝的A2P，真心不是

前一段时间，著名经济学刊物《经济学人》杂志发表了一篇专题报告，Banking without Banks，翻译过来，可以叫《没有银行的银行业务》。文章指出，以 Lending Club 为代表的 P2P 行业，在美国起到了对银行业务的细分领域补充，对美国构建多层次的资本市场，有十分创新的意义和突破。

实际上，Lending Club 在美国上市的主承销商之一，摩根大通，它给 Lending Club 讲的"上市故事"，是"A New Asset Class"——一个全新的资产类型，在 JP Morgan 看来，P2P 是一种新的资产类型，就像国债、股票、企业债、可转债等一样，是一种可投资的证券类型，将成为未来常见的金融产品和投资标的。这也解释了在美国，P2P 的监管机构是美国证监会（SEC），而平台上的主要投资人，是机构。

——这是美国的P2P

金融服务行业一直以来都习惯把自己包装得很高级、很复杂，缺乏足够的投资者教育。因此，太多的无常识和对基础投资理论的误解、误读，会带来整个金融服务行业尤其是面向大众的零售金融服务行业更大风险。实际上，一个成熟的投资理财市场，也需要成熟的投资人。

从业者，需要帮助投资人变得更加成熟和专业，这样，整个市场才能更好地实现信息披露，提高信息传递的质量和效率，从而降低整体市场的交易成本，促进各个利益相关方的权益能够得到保障。

——任重道远

“整体上来说，投资人选择投资平台时，有这么三个问题，是需要认真考虑的：

首先需要了解融资方或者说资产端。这个平台上的借款人、资金需求方到底是谁？这个平台是如何获得资产的或者说是如何获得借款人的？资产端，是一家 P2P 公司的基础。一定是要先有借款需求、先有资产，才能有投资和投资人。

其次，要了解平台的风险控制体系。这个平台是如何做风控的、如何做风险定价的。这个问题的背后，有三个分问题：

第一，什么样的专家在帮你管理风险？（注：显然不是一个 20 岁不到就不再上学的人，虽然我搞不清他是如何当上两所知名大学的硕士生导师的，真为中国教育捏把汗，这风险可不比 e 租宝小。）

第二，运用哪种模式、技术和手段？（讲得清，牛在哪里，合理在哪里，如何实现的。）

第三，有什么历史业绩和经验积累？（有没有经历过周期，有没有经受过考验。）

最后，投资人还要做好法律保护和风险预防（万一出事怎么办，如何保护自己。）

当然，我们也不用太过自责。毕竟，庞氏骗局和大多金融欺诈都不是中国人发明的，美国人居多。只是麦道夫十多年之后才被戳穿，中国人民还是更加智慧。金融创新也不会因为 e 租宝而停滞。相反，教育了投资者和从业者，行业能够痛定思痛，总结经验。重复我之前的观点，做一个负责任且有能力的投资顾问，是一个非常有价值的职业。

投资理财的傲慢与偏见

2016—07—20

在投资顾问和理财行业里工作的人，大多是乐观的悲观主义者。我属于其中的一个。我们对人类经济发展和社会进步总是充满了乐观主义的心态。这种心态甚至可以追本溯源到文艺复兴时期，或如同韦伯笔下的新教伦理一般，对金融投资行业的从业者产生了根深蒂固的影响。我们相信，世界会更加美好。

我们相信科技能够提升生产效率，进而促进经济增长。大家选择笃定亚当•斯密的市场指导，而不是马尔萨斯的人口原理。我们相信创新的动力，把世界上会不断涌现出杰出的企业家、创业者视为理所应当。因而，从一级市场到二级市场，总会有一些好的公司和有价值的资产，能够被发现和挖掘。我们甚至还毫不保留地相信，社会的监管体系和法律制度将不断完善，于是，欺诈和失信会越来越少，而信用的释放和金融服务的普惠，将给投资带来不断净化且具有生命力的生态系统。于是，投资顾问们总是乐观地告诉理财者，请参与投资吧，你会有所收获的。

但同时，我们在实践中却时时刻刻扮演着悲观主义者的角色。我们喜欢用风险组词，如市场风险、信用风险、流动性风险、操作风险，等等，可以乐此不疲、分门别类地给客户做细致的讲解，直到把客户吓跑。我们把黑天鹅看作到处都是的黄鸭子，把小概率事件视为基本会发生的事件，把墨菲定律永远放在嘴边——那个担心出错的事儿，就老会发生，也是醉了。因此，在每次投资完成之后，说句实话，只要不陪客人钱，我们就踏实了。如果还有一些符合特定资产类型特征的合理回报，我们就心安理得了。万一有个把惊喜，让客户挣了个盆满钵满，远超预期，表面上我们不说，其实心里在讲：thank GOD！

为了能够让乐观的悲观主义者心安理得地从业，投资顾问行业沿着马科维茨 1952 年的论文，发明了一套拳法：资产配置。于是，投资理财行业，那些真正练正宗武功的人，不论古今中外，都是做资产配置的，都是讲资产配置的，都是研究资产配置的。他们提供的服务，就是一句话：帮助客户做“资产配置”。从整体投资组合的建立，到某个具体投资策略的设定，再到某个具体投资项目的决定，全部都是在宏观、中观、微观层面上对资产配置技术和理念的实践。当然，这里面还有勤勉尽责、透明信息、客观建议等基本行为准则。除了资产配置这个武功，其他的套路对于我们这些乐观的悲观主义者来说，就勉为其难了。要么昧了良心，要么吹了牛逼。

可痛苦的是，面对不少中国改革开放 30 年发起来的一波有钱人，我们的武功却时常毫无用武之地。比如，会被这样的场景碾压：

问：“王总，我们先聊聊您的资产配置和投资组合情况？”

答：“兄弟，不用浪费时间，我听说 ** 体育在募资，很火，给我搞 500 万的份额？”

问：“李总，好久不见，这段时间有没有系统检视过自己的投资组合和策略？”

答：“兄弟，别闹，我知道你们母基金里有一只基金，去年表现特别好，其他都是垃圾，我懂。你赶快给我搞个直投的额度？”

问：“张总，听说您对TMT行业的最新投资动态很感兴趣，我给您准备了一个过去6个月中国TMT投资的基本案例分析，要么先看看？”

答：“兄弟，你知道我忙得很。我看新闻知道你们一个基金刚刚投资了一个**项目，我和朋友觉得不错，你帮我问问他们CEO，我们几个人准备直投2000万，估值价格和你们一样就行，通道费你们挣点没关系。行吗？行的话我们明天就打钱！”

问：“赵总，近期的资本市场投资，我们建议量化策略为主，稳健一些。而且最好是通过FOF或MOM的模式进行。在资产类型和投资策略上做个分散，然后再适时调整，您怎么看？”

答：“兄弟，你尽整那些没用的。我知道0*9*76定增已经过会，给我搞个5折的价，哥一个亿，分分钟。”

我哭屎的心都有。

于是，曾看到个别同行精英，马上变换了修辞：

“尊敬的王总，公司目前正在帮助行业领头公司CNB融资，是该公司Pre-IPO的直投份额。该项目市场保守估值10亿美元以上，您进入的价格基于C轮估值，仅为5亿美元不到。

产品周期3年，2+1，三年如果不上市，公司按照年化13%全额回购。

项目领投基金是XCD和KWX，都是业内大佬领衔的基金。该项目作为**省龙头企业，政府背景深厚。非常抢手！但，我手里有2000万的份额，非常难得，您感兴趣的话，我们马上可以签订合同。”

然后，王总的眼睛就亮了。

存在即合理。我认真对上述场景做了分析：王总的反应为啥是这样的呢？因为有一种赚钱的心理，叫路径依赖。

王总之所以有钱，之所以相信这种机会，很大程度上是因为他的第一桶金、甚至自己当年宏伟的成功，是在中国改革开放30年的环境下和历程中获得的。很多时候，其实完全符合上述场景的要素：内部消息+价差套利+政府关系+直接深入+有人兜底；最后，加一句：输了算球，再来一把。于是，今天王总们沿用了他们的成功经验，无可厚非、理性而客观地选择了自己已经依赖了30年的思考方式，继续在中国的投资市场上捞金。

每个人，都在用自己理解的世界来指导自己的投资。王总们如是，那些被e租宝欺骗了的大妈们亦然。一种合理的不合理，一个应该的不应该，一场现实的不现实。我实在没有办法再去做什么评论，因为到底谁对谁错，已不是一个事实判断。

这两天在翻看一本书，是Stephen King在2013年写的*When the money runs out the end of Western affluence*。中文版发行在2016年3月，译名为：《货币放水的尽头：还有什么能拯救停滞的经济》。作者对很多国家，尤其西方传统发达国家的经济发展历史和趋势做了评述，流露出不少悲观主义的情绪。当然，经济学家很多时候也是偏悲观语调的，我们不去评述他的情绪和结论。但有一点我们是肯定的：当今社会经济态势和市场的风险环境，是20世纪30年代、甚至更久远年代以来，我们所没有经历过的。不论做生意、还是做投资，很多的经验和认知，哪怕那是20世纪90年代的，真的已经不再有效了。更不要说，很多所谓的经验都还没有凝结为一套经验，而仅仅是傲慢与偏见。

长一点，其实更好

2016—04—03

清明假期只有 3 天。似乎大家都认为，假期还是长一点好。因为假期短了，人们不得不赶着出门。一脑子着急赶路，于是路上交通事故频发了，景点的拥挤多了，商家季节性盈利的时间短了导致欺诈的动机增强了，出游的人精力没有足够时间恢复引发上班头两天的效率低了。“短”表面上带来的效率和优势，却因为“短”的内生缺陷和人们面对“短”的博弈选择，使得原本的设计益处被消耗了。长一点，似乎更好。

我喜欢跟投资人说，对于大多数富裕人群而言，投资其实也是长一点好。或者更精确地说，投资对于一个不会短期内就必须退出的标的更好。因为选择开始抑或结束，都是一种权利，而这种权利本身具有可量化的价值，尤其在未来具有较高不确定的情形下。许多论文已论述过这一点。除了降低交易成本、避免因被迫短期出清而导致的折价损失等原因，减少由于贪婪、恐慌、无知而导致的昏招概率，耐心等待大的周期机会，是更为重要的原因。长一点，似乎更好。

我也经常跟理财顾问们建议，看文章，怕是长一点好。世界太复杂，而我们太愚蠢。人类花了数千年去破解科学的奥秘、去研究引力波和 alpha 狗，成就斐然。然而，在自己对语言和文字的驾驭能力方面，似乎乏善可陈，反而退化了。看看《论语》、《史记》、《周易》和《出师表》，再比较一下政府工作报告，你知道我在说什么。严肃的知识和认真的分析，越来越难以用 150 个字或者手机往下翻两下就搞得定。那些名为“500 字讲清楚引力波”、“一篇秘籍让你战胜 alpha 狗”或“10 天读完 MBA”的书和文章，是给那些推着三轮车卖这些书的人看的，而不是给投资顾问看的。1952 年，25 岁的 Harry Markowitz 撰写的那篇奠定财富管理行业基础逻辑的文章，“资产组合选择——投资的有效分散化”，刊发于 *The Journal of Finance* 的 Vol. 7, No. 1 (Mar.,1952), pp. 77-91，15 页纸。而要真的理解这篇文章说了什么，至少还有 10 倍的阅读量要去完成。想想今天，正在给客户讲解“投资分散”和“资产组合”的我们，有多少人关于资产组合理论的阅读，能够超过 10 页？还是，其实就翻了两眼微信朋友圈，“5 分钟教会你投资组合”？

最后一点，近年来看到一些财富管理机构，喜欢发售短期的产品。3 个月，是他们的王牌，引以为豪。自然，顾问也喜欢推销这样的产品，因为容易卖掉。我和一些人交流过，他们给我一个论据：“你看华尔街那些交易债券的，也都是几个月的、一个月的都做啊。切分了流通，多好啊，多方便啊，说明我们运作能力强。”For God’s Sake，这一定是因为看了太多短文章。华尔街所交易债券背后的底层资产，与你们发售的这些三个月产品背后的底层资产，是一个东西吗？更何况，只要不是美国国债，哪怕是 AAA 的债券，当恐慌情绪到来时，绝大多数金融资产的流动性会瞬间消失（Alan Greenspan, 2013）。期限短，不等于有流动性。相反，在今天这个复杂关联的世界上，看似能轻松发售的短期投资产品，却会导致管理者需要经常面对兑付压力（交易和服务成本）、时时面对市场波动（管理成本）、经常安抚投资者的情绪（服务成本）、时常受到媒体或行外非专业意见领袖的质疑（reputational risk）、甚至不得不在不合适的时机下被迫出售合适的资产，最终导致资产管理能力和专业性态度受到严重影响。Again，“短”表面上带来的效率和优势，却因为“短”的内生缺陷和人们面对“短”的博弈选择，使得原本的设计益处被消耗了。

说回来。既然是假期，就给大家带来一篇十几页的论文，不算长。作者是我的学霸同学，Weng Qiwei 先生。由于他的职位身份要求，这属于个人友情行为，我不能如之前推荐文章时去介绍他的背景。但他所从事工作的专业性和对中国银行体系、货币与信用创造机制的理解，是长期的。老 Weng 也是 CFA 持证人，每年有事没事儿还去辅导下 CFA 协会挑战赛（CFA Institute Research Challenge）。

先摘抄了几段如下。至于有没有耐心把老 Weng 的论文读完（英语好的大概 1 个小时以内），对中国长期以来的银行体系、货币与信用的创造机制和沿革做下了解，各位自裁。

感谢老 Weng。

The economic growth of China is impressive since its reform and open-up in 1978. From 1978 to 2013, China grew its GDP from USD 148 billion to USD 9.2 trillion 2, or 62 times, at a CAGR of 13% for consecutive 35 years. However, the money supply of China is even more astounding. During the same period, the country grew its broad money supply (M2) from USD 52.8 billion to USD 17.8 trillion, or 338 times, at a CAGR of 19%. The GDP output on unit M2 drops from 1978's 2.80 to 2013's 0.52. Debates for the puzzle of diminishing return on money supply from academia and industry have never stopped.

Economists provide various explanations for the puzzle from different angles. Some focused on the systematic factors inherited by China's economic system, i.e., lack of social welfare system, dispersion of income distribution curve, which depressed the contribution of consumption in economic growth (Zhong & Huang, 2002);Some proposed the implied non-performing loans in China's commercial banking system had exaggerated the broad money supply itself (Xie & Zhang, 2007);Krugman (1994) argued the rapid growth of communist economy in Asia could befully explained by the rapid growth in inputs of resources and capital.

With the biggest population in the world, and potential depth and breadth of for development originated from China's vast homeland,Chinese government has consistently identified export and urbanization as two top priorities across different administrations in Beijing (Guo, 2007; Lardy,1993, 2001). Economic historians separated China's economic development into three regimes since 1949 (Wu, 2009), by the economic resources allocation system.

We study the relationship between the broad money supply and the sum of 12-month lagged GDP and inflation, and the resulting R square level of0.3383 indicates that the broad money supply explains only some of the GDP growth and inflation, which is also a counter evidence for the proposal of Krugman mentioned earlier.

In the whole period, the aggregated job created by China increased from 1978's 401million to 2012's 767 million. The employment contribution from non-state-owned sector grew drastically from ground zero to 76% and 17% for urban and ruralem ployment respectively and 91% on aggregated basis.

The third era from 2003 to present signifies the fast and profound evolution of China's more independent central bank, systematically reformed financial inter mediary system, further extended and complicated credit universe,deepening yet still immature interbank bond market and equity capital market,and gradual reform on interest rate and exchange rate policies.

Compared with the previous two eras, the volatility of monetary supply and credit supply relatively narrow down as a result of more prompt reactions by the central bank to monitor the macro economy, however, we could still observe two significant spikes in monetary supply in 2006-07 and 2008-09, both of which were a part of the governments' investment fever or ambitious stimulus plan mentioned earlier.

However,the commercial banking system is still the dominant channel. On broad origination basis17, China's commercial banking system provided 83% of aggregated credit supply in 2013.

35years ago, China practiced sole state-ownership and planned economic system without any official markets for all factors, goods and services. In the latest policy statements to date, Chinese government has deleted "State-owned centricowner ship structure" and changes the phrase to "hybrid ownership structure". Except some core primary economic resource factors, such as interest rate, oil& gas, electricity, transportation, agricultural products and water resource, the pricing mechanism of the remaining primary factors, goods and services has finished the transformation toward market economic system. The financial system has also gradually developed to provide money and credit to the portfolio sectors in line with the priority of China's economic development strategy. Fluctuations and back wardations have arisen and might happen again along the route of China's development. However, with the masterstroke of ongoing reform toward red capitalism and market economic system bear in mind,economists and market practitioners will get a more objective, clear and dynamic panorama of China's money, credit and economic growth from 1978 to 2013through data mists.

关于 12 万就是高收入人群的撕逼，到底撕的是什么?

2016—12—24

上班路上，看到很多朋友在朋友圈撕开了。出自不少媒体报道了国务院近日印发的《关于激发重点群体活力带动城乡居民增收的实施意见》，意见要求进一步减轻中等以下收入者的税收负担，发挥收入调节功能，适当加大对高收入者的税收调节力度。问题来了，什么叫高收入者呢？媒体分析，在中国目前的税制下，年收入 12 万元以上的人，就不小心当了高收入人群。

我们每个人懂的都不多，但却可以结合自己的生活和工作常识来思考。我曾经在中央级别的事业单位服务过，还有幸被派驻美国工作；也在省一级的国有企业和政府直属单位供职；随后我离开了体制，在已经上市的民营企业和上市途中的创业公司也都工作过。十多年来，翻开自己的朋友圈，也可算作五花八门，千奇百怪了。可是，如果今天有人问我，年薪 12 万算不算高收入群体？我还真回答不上来。

站在体制内朋友的视角，12 万一年，真的已经很高了。请网友不要再戏谑那个写《实施意见》的人。因为我猜测，最初起草意见的同志，很可能是一名副科级干部，而这篇稿子的最后定稿、收笔，可能也只是一个正处级领导完成的。副司长、司长应该是认真看过的；副部长、部长，应该是专门参加过讨论的。在大家起草这个文件的时候，绝不可能是独断专行、一意孤行、不过脑子，如网友们讽刺的那样。这样的文件，在经过内部讨论的基础上，肯定要专门举办专家研讨会的。请来自各所985大学的财政金融学院教授、社科院和党校的专家，甚至个别党外知识分子也一同讨论。一讨论就是一天，有详细的会议纪要和重要成果。在整个过程中，大家结合数据、调研、事例和各自的亲身体验和观察，多次讨论，反复修改。文件一定是几易其稿的，工作量和加班加点一点都不比中关村的码农和金融街的trader少。然后，才会正式印发。而且，相关单位为了审慎，很多文件都冠以“暂行”、“试行”、“征求意见稿”和“指导意见”等字样，不能说没有充分权衡灵活性和可操作性。

就举我刚才提到的那些工作的、干活儿的、参加讨论的人，哪一个不是高学历和丰富的工作经验？哪一个不是中国的人才和社会精英？哪一个没有在努力工作、辛勤奋斗？哪一个的休假能够超过一年20天（诸如很多外企在中国中层经理的通用标准）？但他们中的不少人，实话实说，距离12万的年薪，还有不小的距离。你要是他，你会觉得12万不是高收入吗？

体制外的人其实不理解的，不是12万元怎么能算高收入？而是，12万怎么也能体面地活在中国的一线城市，这是怎么办到的？大多数抱怨的人，是追求美好幸福生活，需要一点“中产”逼格的外企或民营企业的工薪阶层。

体制内的人其实不理解的，也不是12万元怎么还不算高收入？而是，一个没有户口、“身份”的打工仔或创业者，他和他的家庭正面临多少在衣食住行、医疗教育各方面的隐性成本和准入限制。大多数抱怨的人，是追求美好幸福生活，需要一点“官员”威严的副处级以下青年干部。

举几个最简单的例子。没有经历过的人很难理解，五星级酒店 298 元一个人的自助餐，真的没有不少国企和大型事业单位的食堂好吃。而食堂吃一顿饭的价格，很多单位都还在个位数的金额。你攒一个月吃一次自助餐，人家天天吃食堂，你还真以为是你牛叉？你也别以为你给 298 人家就让你吃，因为你连门都进不去，我说的是大门。你生病了要早起挂号、排队看病，还得被黄牛欺负，而人家单位有一个部门，你公司再牛、再美国上市、市值一千个亿也永远不会有：医务室。你觉得自己是个人物了，沿着为 APEC 专门修建的日出东方酒店，戴着你的智能眼镜、一路骑着你的智能单车飞驰，邂逅一条美丽的小河。秋天，树摇黄叶，花草丛生，一眼望去，你甚至怀疑自己是在 Ithaca 或者 Blue Ridge。你当然可以在河边休息和野餐，但不要幻想你创业成功、拼命挣钱，就能在那买个房子。因为只要是个院子，你都进不去。个别露在外面的院落，也只能隔着河，看看人家单位的牌子。但这些种种，对不少人来说，却已习以为常，甚至索然无味了。

人要学会平和，你有的别人很难有。但别人有的，你这辈子已经没戏了。

我们能够接受（习惯于接受）的是：社会的福利分配是双轨制的。每一个社会，都会对财富进行第一次分配，这也正常。引起争论的是，既然福利分配是双轨制的，那为什么税收标准，却是单轨制和单一标准呢。咱也不用去举美国的个人所得税制度来参照了，因为大家肯定都心知肚明，肯定不符合中国国情。

说回老本行，体制外的饿货们，拼命工作 + 好好理财，其他的都是浮云啦。

请不要妖魔化股权投资散户化

2016—08—08

已经不止一个在财经媒体的师弟师妹向我打听所谓“股权投资散户化”这一话题。最初，我很配合他们的用意，把股权投资的风险性、目前投资理财市场的不规范现象、甚至个别令人匪夷所思的欺诈模式或现象做了评析。但很快的，我发现市场和舆论似乎形成了一种矫枉过正的情势，认定股权投资的散户化就是错误的，不好的。

讨论任何一个话题，首先要做的是明晰讨论的边界和内涵。股权投资的散户化，由两个基本概念构成：一是股权投资，二是散户化。站在从业者的角度，这两个事物本身并没有什么天然的正确与错误。

股权投资作为另类投资中的重要组成部分，属于一级市场的投资范围，即使不从荷兰东印度公司的成立算起，单说具有现代经济和投资特征的股权投资，已是全球数十年历史的投资实践。不论是耶鲁大学和哈佛大学的捐赠基金投资历史，还是黑石、KKR、IDG 等全球顶尖投资机构的成功案例，都向世人从事实层面展现了股权投资对于投资人投资组合和企业价值发现的意义和功能。在中国，最近十多年以来此起彼伏的天使、成长、中晚期的 PE 基金，及今天引起市场热度的并购基金，对中国的投资实践、甚至经济发展，都起到了不少积极作用。

一级市场投资，有着极为严密的逻辑和十分复杂的流程。十多年来，通过参与者的试错和市场周期的检验，加之不断优化和规范的监管机制，在中国，股权投资已逐步成为一种有章法、有打法、有做法的投资实践。募、投、管、退，四个基本环节，有着自己的特定逻辑和技术。直接把股权投资看成风险极高、押宝下注、铺跑道的投机行为，其实是一种偏见。

我听过不少人说，中国一级市场投资其实就是一二级市场的价差套利，对社会和经济没有意义，于是就没有意义。抱歉，我能够同意这种论据（部分的），却难以认同这样的论点。套利是无罪的。相反，如果没有套利，就不会有合理的定价，就不会有价值的发现、回归和释放。在合法前提下，及时发现并实现套利，是投资人能力差异和信息优势的溢价回报。有意思的是，在中国今天的一级市场投资领域，简单的价差套利策略，已经越来越不灵了。这本身就在说明，投资实践和监管机制正不断完善。A good thing can make itself better。对的事情往往有对的力量。

散户化呢？首先，什么叫散户？广场大妈就一定只能是散户吗？中产富裕家庭算散户吗？某个操盘 1 亿的基金经理就一定不是散户吗？我问过很多人，大家对所谓“机构化”和“散户化”，都有自己的评价标准。而且往往非常主观。证监会关于什么人可以参与私募基金投资（含股权投资），有十分明确的“合格投资人”认定，简单地说：

（1）具备相应风险识别能力和风险承担能力；

（2）投资于单只私募基金的金额不低于 100 万元；

（3）单位净资产不低于 1000 万元，个人金融资产不低于 300 万元或者最近三年个人年均收入不低于 50 万元。

1/2/3 之间是“和”的关系，第 3 条内部 1000 万、300 万、50 万是“或”的关系。

好，那我问一下，如果符合了上述三条，还算散户吗？或者换个说法，全世界的监管机构都不会用一个投资主体是不是散户，来界定他的投资范围；而只会用“合格投资人（qualified investor）”来界定他合适参与的投资范围。为什么？因为投资，在很大程度上，是一个具有完整民事行为能力的公民，对自我权益和资产进行合法处置的权利。国家和监管机构在这个方面的任何限制或禁止，都需要十分审慎。这不仅关乎投资或经济事宜，这也涉及社会公正与财富分配的机会公平。

其次，对于“散户”和“散户化”的偏见，是认为散户等于二货。让一些“二货”参与到市场中，一来二货会吃亏，吃亏了他会去影响社会治安和经济稳定；二来二货会瞎搞，瞎买瞎卖，搞的市场不理性。从我个人的观察看来，这属于本末倒置。

我们看到被欺诈的投资人，或者看到扰乱金融或市场秩序的现象发生，大多数情况下，不是散户导致的问题，而恰恰是另外两个主体导致的问题：一是监管可能出现的失误，另一个是服务者的道德或能力缺失。散户，是市场参与链条的末端，他的行为，很大程度上是在监管的框架下、因机构的引导而产生的布朗运动。出现极端行为时，也往往是刺激与响应刺激。而那个发出刺激的人，其实经常都是某国政府、某国央行、监管机构、机构投资人或那些所谓不是散户的玩家。把市场的混乱和不理性，归结于散户不靠谱，是不成熟的投资机构或投资监管者解释不成熟市场的不成熟答案。

而且，我多说一句，大家都在圈里混。一要“不二”，二要“不装”。

机构和散户真的就天然对应着智慧和二吗？很多散户，专业度并不亚于机构；而中国有些机构，其实练的还不如散户。

我不想再举出什么“刀可防身，也能杀人”的初级比喻，说明为什么股权投资和散户化，以及股权投资的散户化，本身并没有什么问题。监管者、投资管理机构、理财顾问、投资人，每一个与这条交易链相关的参与者，都做好自己该做的事情，它就是善与喜；而其中，如果任何参与者没有做好自己该做的事情，甚至故意做了坏事，它就可能变成恶与悲。

收笔之前，我们再稍微发散一下，有没有人想过，为什么中国的股权投资会出现散户化？或者说，会引起广大投资者的关注和参与呢？这个问题，有点像是问：为什么中国大妈会每隔一段时间就去抢购一次黄金，或者抢购一波房子呢？

这是一个正在以13%的速度增加货币供应量的国家，且这个国家正处在一个几乎全世界其他主要国家都在增加货币供应量的星球上。全球范围的低增长，持续的低利率、甚至负利率，货币贬值，就像孩子们玩的小游戏一样，呈现“白萝卜蹲，白萝卜蹲完红萝卜蹲，红萝卜蹲完绿萝卜蹲”的有趣图景。再加上民粹主义、贸易保护主义和地区冲突可能带来的各种“白天鹅”事件，请教那些号称不是散户的人，你觉得，散户们该投资什么呢？周末和某位低调大咖遇见，他冷冷的一句话，让在场包括我在内的散户们，思考了良久，“投什么，投央行印不出来的东西吧”。

投资是一种权利，它属于所谓的精英，也属于不断学习和开阔视野的每一个人。

做一个胆小而智慧的投资人

2016—10—14

我怕乘坐飞机。但世事弄人，我的工作要求我经常飞来飞去。于是，如同职业习惯要求我们坚守关于投资建议和客户服务的纪律一样，我会给自己定下很多飞行的纪律。比如，只乘坐大航空公司的飞机，坚决不搭乘廉价航空，坚决不搭乘红眼航班；尽量乘坐大飞机，且务必换靠近走道的座位；如果是在柜台换登机牌，我会主动要求换到应急出口处，并告诉柜台我手脚麻利、身手矫健，万一遇上紧急情况，我相信我比飞机上“random walking”挑选的人能更快地配合机务打开应急出口；除非是国际航行，否则哪怕是北京飞海南，我都极少起身去上厕所，因为我担心飞行中的偶然颠簸会造成风险；当然，只要坐在座位上时，一定是扣上安全带的，并且扣紧；在起飞和降落期间，我永远保持清醒，不会打盹；我憎恨乘坐飞机时偷偷不关闭手机的人。有时候，在飞机降落时会很颠簸，我坐在应急出口的位置，正面坐着空姐。已经不止一次，我能感觉到对方其实能察觉我的紧张，然后，一脸美丽的淡（bi）定（shi）。

人为什么会害怕，是因为缺少信息或知识吗？一次，我和自己的一位美国朋友一起乘机从北京飞南方。他是牛津的硕士和芝加哥的MBA，曾在咨询公司做过航空公司的项目，号称对民用航空行业和技术比较熟悉。他感觉到了我的紧张，便跟我做了详细的解读，还说了一句我至今乘飞机也会念在嘴里的一句话：flights never crash。那趟飞机抖了一路，我连饭都没吃进去，他却睡得呼呼的。于是我开始认为，如果你真的了解民用航空的运作机制，知晓现代航空飞行器的技术常识，就不会紧张了。

直到某一天，另一个和我一起出差的兄弟是一个二级市场的投资老手，他投资过不少精密制造企业。他乘坐飞机比我还紧张。我跟他说了我的理论，告诉他如果你了解、并相信现代飞机的构造原理和技术，就可以缓解紧张感。因为，知识催生胆量。他却告诉我：很多飞机发动机生产线的资深工程师，是不敢乘坐飞机的。因为他们平时的训练非常老练和精确，仅凭耳朵就能听出飞机发动机是不是有了蛛丝马迹的问题。于是他们乘坐飞机时，往往发动机一转，就有种想赶快跑出去的冲动。接下来，两个老男人若有所思地一路相伴紧张，直到降落也没怎么说话。

在我们生活和生意的很多场景中，知识和胆量、信息与风险偏好，并不是简单的正相关或负相关。这其实不仅仅是因为前者是客观的，而后者是主观的；也是因为再多的知识、信息，也无法穷尽纷繁复杂的现实，无法完全规避不确定性。更有趣的是，从人类认知规律的角度，知道得越少，所知道的不知道其实也越少；而知道得越多，往往所知道的不知道反而会越多。从一无所知到一知半解，也许还是安全感和信心不断增长的过程；随着从一知半解到深入了解，再到系统和复杂的综合理解，信心和安全感反而会出现下降的迹象。越多地知道风险的存在，越多地发现未知，反过来，会给决策者的心理带来越多的负担和压力。在这种局势下，如何抉择，以何种心态和方式应对不确定性，成为区别咱们凡人的一个维度。

有没有发现这样一种现象：在理财顾问这个行当里，刚开始干的人，什么都不敢给客户推，不是因为真不敢，而是因为不懂。干了几年后，读了名校学历、考了镀金证书，胆子指数级增长，信心十足，十八般武艺样样精通，套路纯熟，全部抡开，天天都在看项目、推项目。而干的头发开始发白的人，胆子却小了起来，不少人会建议客户配置以 ETF 为底层的资产组合，逐渐采用 passive 的投资风格，并高度分散客户的投资种类。这个现象，从微观的角度观察理财顾问如是；从宏观的角度，如果比较中国、新加坡、日本和美国等不同成熟程度的财富管理市场，也同样存在。从 2015 年到 2016 年，美国各类 wealth management 机构增长最迅速的 AUM 构成是 ETF ；而同一个时期在中国，是私募股权与各类非标债务融资。同样面对不确定性，同样只是获得局部信息和部分知识，中国市场的从业者和投资人，倾向于选择更加主动和大胆的投资。

继续延伸这个话题。我们都知道，人们的风险偏好不同，这并没有什么正确与错误，只是一种主观选择。听起来很有道理，所谓 risk tolerance，甚至可以成为一个可测度的数值。但在实际中，往往具有迷惑性。迷惑的关键在于，很多时候，我们会被看起来全面的信息和复杂的知识蒙蔽，而产生一种自信、有胆识的分析与决策。于是，交易对手会精心营造一种信息的全面感和逻辑推理的美感，以迎合我们的心理和思维习惯，让我们一边成为“专业”和“有胆识”的投资人，另一边却做出愚蠢的决定。

这怎么理解呢？我们举个最简单的例子来测试下。如果一个客户有1个亿，他要求他的理财顾问帮他挑选一支A股的股票去买，一年之内卖掉赚钱。这个要求可能是过分了点，我只是举个例子方便大家进入场景。面对这个题目，这个顾问会用到什么知识呢？来吧，把学校和各种考证时学到的关于公司估值的模型抛洒出来，把K线图打开看着波浪开始技术分析，把从利率、汇率、消费、就业到行业板块细分市场的各种分析报告都打出来熬夜看，都没有错。Excel一定要有，PPT一定要高大上。

但另一个顾问会这么想问题：买哪只股票其实不是问题的核心。核心是：我该从谁手里买，然后又该卖给谁；是谁，今天不得不卖给我某一只股票，而又会是谁，1年内会不得不买走这只股票。夸张点说，如果刚才看这个示例时，第一反应都没有想到“对手盘”这三个字，那他关于中国A股的信息和股票投资的知识，不管如何精细和全面，都用处不大。没有买卖，就没有伤害——这句话的哲理，何止在于保护野生动物。

这是个常识，自然也适用于中国的房产投资。知识与信息，本身并无有用或无用一说，如何简单且有效地组织知识和信息，才是关键。很多时候，我们会用华丽却无效的思考方式，加工全面的信息和复杂而精美知识，用以支撑我们的胆量。其实，这与没有知识和信息的结果，并无差异，甚至更糟。

得知我和伙伴出来创业之后，一个做Early Growth投资的好友找我喝咖啡。她很支持我们的选择。我问她：为什么？别人都说是寒冬，应该等两年。你自己不也说你近一年不会投钱了吗？她笑着回答：Naturally, while facing the same scenario, you always gonna say：Yes, let’s get this chance. Then I always gonna say：No, we don’t take that risk. You are a yes-man, but I’m a no-person. 我接着问，那为什么我们的投资人愿意投我们呢？他们胆子够大的哈。她又笑了：because this is the only thing you will do in the next ten years, but maybe just one of the ten things they would do in this quarter. 很多东西，其实不是敢不敢、风险偏好大不大的问题。

聪明的投资人，大多是胆小而智慧的。千万千万，别整反了。

行业理解篇

2016，属于中国的财富管理元年

2015—12—21

对于中国财富管理行业未来很长一段时间来说，2015 年的尾部，注定被人们牢牢记住。

首先，Many Lessons taken

e 租宝的倒下，再一次教育了中国广大的理财者和财富管理行业的从业者。90 万人血本无归，上百从业者牵连其中被警方带走调查，人们甚至进入了谈虎色变的情绪中。简单梳理 2015 年一年间在中国大地发生的各类与投资理财相关的崩溃和欺诈，e 租宝、泛亚、财富基石、金赛银、卓达，一个接着一个，不胜枚举。每个案例都可以写进 FRM 的教材，也许手段稍微拙劣了一些，但其精彩程度绝不亚于麦道夫、巴林银行和雷曼兄弟。

2015 年，中国的财富管理市场用超过 1000 亿人民币的损失，教育了生产者和消费者。不论对于天真和爱赌的投资人，还是对于贪婪而邪恶的欺诈者，这一年之后，至少大家懂得了八个字：苦海无边，回头是岸。中国人开始认真地意识到，投资不是赌钱。财富管理，是一项需要修行的事业。

成熟的投资人，是孵化真正财富管理市场的基础。

其次，Role model established

世界就这么有趣。2015 年 12 月 18 日，宜信宜人贷登陆纽交所，成为中国互联网金融第一股，也是中国第一家上市的 P2P 公司。作为 2015 年 NYSE 的最后一发 IPO，宜人贷上市对行业意味着什么？相比大几千万美元的融资和 20 几倍的 PE，信息披露和行业标准，是宜人贷上市对于中国互联网金融、P2P 相关行业和金融创新领域的真正意义所在。

一时间，从业者从情绪低迷中振奋起来，纷纷畅想着自己敲钟的瞬间。紧随其后的陆金所，也已放话将在 2016 年 Q2 或者 Q3 站上资本市场。人们坚定了对金融创新和互联网金融的信心，相信虽然良莠不齐，但世上还是好人多。从业者有了标杆，投资人有了 benchmark 定价，而理财者则有了信心。

行业的规范发展，有了第一个 role model。

最后，The Time is coming

生动的配合来自于美联储。12 月 16 日，美联储启动了近 10 年来的首次升息，将指标利率区间上调 25 个基点，至 0.25%-0.5%，结束了长达 10 年、围绕经济是否足够强劲、是否能应对借贷成本上涨的争论。FOMC 在为期两天的政策会议后发布声明称："委员会判断劳动力市场状况今年出现显著改善，并且有理由相信通胀将在中期内升至 2% 的目标，美联储加息是鉴于经济前景，以及认识到政策行动影响到未来的经济表现所需要的时间。”

这事情本身其实没有什么惊诧，但这一天如期到来，确认了2016年的全球经济和投资环境将面临更多不确定性。因升值预期和避险情绪等原因而导致的美元短缺，及大多数国家与美国货币政策的分化，将导致全球汇市、债市和商品市场出现重大变化。美联储和英国央行将收紧货币政策，而欧洲央行、日本央行和中国央行却会正好相反，有意愿且有能力抑制市场波动性的央行为数不多了。

细看2015年12月来自JP Morgan、麦格理、UBS、花旗、汇丰、高盛等的总结报告，对包括中国经济在内的大多数新兴市场国家都保持较大的担忧。增长速度变慢、汇率承压、大宗商品价格萎靡、结构转型难、地缘政治等因素使得风险成为比收益更加重点的词汇。

对于中国的财富管理行业来说，从2016到未来一段时间：

（1）无风险或低风险的固定收益投资将彻底告别2位数时代，安全资产的稀缺将进一步拉低其收益率。

（2）人民币汇率承压导致的海外投资将成为亿万理财者的跟风举动，持有美元将成为从富裕人群到普通群众的热门话题。

（3）中国大妈们应该不会再去抢购黄金白银，大宗商品的底部盘旋让她们对油价、金价、铜价不再有激情。

（4）2015年的教训很疼，2016年的理财者对资本市场不会再那么容易有high的情绪，股神和大官儿的落马给他们心灵带来的“创伤”尚未痊愈。人们对股市投资的信心，更需要真刀真枪的盈利创造，而不是在各级市场之间玩投资并购而产生的商誉。

（5）在固定收益和股票相关类产品上乏善可陈，为了满足中国投资者的偏好，私募股权投资很快走下神坛。“旧时王谢堂前燕，飞入寻常百姓家”，各类机构向投资人推荐私募股权投资，不再只是一种点缀或特殊竞争力，而将变得如两年前推荐 P2P 一样的“简单”而“广泛”。

（6）科技创新将从资产端向资金端延伸，互联网和大数据的运用，不仅仅扎根到资产生产的过程中，而很快渗透进入资金获取端，更好地支持投资顾问，为客户提供更加完善、透明、智能和有人情味的财富管理服务。

一句话，更不确定的投资环境，愈加复杂的投资品种，更加互联网化的作业方式，使得对投资顾问来说，真正靠专业和德行吃饭的时代，终于开始了。

2016 年，客户更加成熟，创新和方向更加明确，从业者需要真才实学。属于中国的财富管理元年，来的不早不晚。

多做点事：写在 2016 年初的提示

2016—01—10

2016 年的第一次出差，去了深圳，转道香港。就这么几天，世界真热闹，A 股熔断大戏拉下帷幕、人民币触及近 5 年低点、朝鲜试验氢弹、德国大规模性侵事件发酵、伊朗和沙特断交、Donald Trump 继续大放厥词却引来关注、中国最新经济数据披露并不乐观，等等。也许是因为工作缘故，我不由自主地把每一条新闻事件都很快联想到某一类资产的价格或某一种投资的机会，并自然而然地用来印证自己过去一段时间关于各种所谓趋势的理解和判断。随后，极容易产生一种冲动：快把这些新闻和消息分享给客户吧！把那些充满戏剧效果的 chart 和 graph 发到朋友圈吧。就这么一个月，如果他们按照我的建议来投钱，又相当于挣了好几个百分点哦。

我正低着头准备和朋友圈大军一起刷成就感，坐在对面的美联社亚洲区的老友 YK，似乎是看到我在干什么，他开玩笑般的说了一句："Hey man, it's my job, not yours!" 我顿时打了个机灵，忽然感到哪里确实不太对劲。

一、从宏观角度来看

2016 年的整体风险环境，要比过去几年更加复杂和不确定得多。就拿两周内集中发生的几个事件而言，冰冻三尺非一日之寒。而更不幸的是，这些非一日之寒却都集中爆发在几日之间。

对国内资本市场监管模式和监管能力的考验，在 2015 年至多是及格，而熔断 + 董监高减持禁令等政策的推拉摇曳，佐以各路消息杂烩，形成 A 股开年基调以衰（SUI）定局。下面不管是谁接手，到底怎么打牌才叫“对”，真心不易。9 日，李剑阁在人民大学举行的中国资本市场论坛上讲话，说人才危机才是股灾的关键。这句话至少指出一半的问题，但近期看无解。

人民币贬值一事并不新鲜。参考《上海证券报》5 日刊发经济学者张锐的一篇文章，放眼全球新兴经济体，本币贬值已造成近 8000 亿美元国际资本在过去一年中从 15 个新兴市场国家抽逃。Carry trade，随着新兴经济体央行和美联储策略的分化明朗，从 2015 年开始就已逐渐翻转并发生作用。为了干预外汇市场，新兴市场国家的央行每个月平均动用了约 1000 亿美元储备。到 2015 年底，全球新兴经济国家的外汇储备已萎缩至不足 6 万亿的水平。相信我们很快会看到对新兴经济体货币的又一轮沽空热潮，1997 年隐约可见。中国目前的储备保持在 3 万多亿，比较充裕。央行不是已经，而是一直在保持适度干预。综合观察下来，一个稳定可控的贬值通道，一方面能帮助稳定经常项目顺差，另一方面也能通过结汇制度安排来适度制造国内的温和通胀，本来符合央行计划。需要干预解决的，更多是市场情绪和国际对手带来的大幅波动。

朝鲜核试验、欧洲难民、石油产国间关系、美国总统换人，以及中国 PPI 疲软，等等，其实都是几年、甚至十几年的 issue 了。令人不安的是，这些“非一日之寒”却都偏偏在这开年10天里捅出事。这纯属偶然？

今天的世界，在各个领域都体现出所谓的time compression规律，时间压缩。很多在过去可能需要一个月、半年，才能传导和相互促发的政治或经济事件，今天只需要一天、甚至几个小时。这会加剧“黑天鹅”事件发生的集中度，并提高发生之后所造成后果的极端化可能。2016年，高净值投资人所面对的国内外宏观形势，不仅是几张图或几条耸人听闻的新闻那么简单。这些看似遥远的大事，不仅能影响客户的投资收益和风险，同时，会比过去更加明显地作用于客户的事业与生活。

二、从投资的中观维度来看

2016年初给国内投资人一个十分明确的信号：安全资产难寻。这里的难有两层含义：一是安全或低风险资产的供应量有限，二是由于稀缺而导致收益率明显下滑。risk-free是构建任何投资组合、计算任何资产价值的基础工具和尺度。中国的理财市场，除去突破20万亿的银行理财存续规模，稀缺和低收益率的risk-free，会导致财富管理行业推向市场的产品，将以权益类、甚至私募股权类作为主要类型，以规避短期投资产品收益率缺乏吸引力而风险却容易暴露的“痛点”。高净值客户们，需要在一个低增长却高不确定性的环境下，选择开展另类投资（alternative investment）以穿越周期获得超额回报，难度巨大。对于财富管理机构而言，2016年将是个分水岭。缺乏能力的财富管理机构，要么在2016年彻底失去权益类产品的市场机会，从而离开竞争主流；要么，埋下自己5年之后让客户血本无归的隐患。

三、从微观的角度来看

参考上述提出的宏观中观问题，个人建议高净值投资人：在2016年，少谈些钱，多做点事。如果客户自己正在经营生意，2016年请投入更多的时间和精力去照顾和优化自己的生意；这是比用钱生钱、大谈投资致富更加紧迫的事。

2016年，您的生意所面临的环境挑战，有的地方可能比2008年好（至少美国不差），但不少地方要比2008年差（其实是好多地方）。举个例子，2016年，您的生意将会面对比2015年更多的流动性压力。不论国内国外，尤其是那些对资金的流动性有较强刚性需求的生意，以及从事跨境生意或支付的投资人。历史数据表明，主要经济体的货币和财政政策出现显著分化的时期，由投机行为和市场情绪而导致的波动性就会显著提高。而波动性的显著提高，将瞬间拉高风险厌恶程度。流动性是风险厌恶程度的函数，当风险厌恶程度提高时，流动性可能瞬间蒸发。

格林斯潘2013年出版了一本书，中文名叫《动荡的世界：风险，人性与未来的前景》，里面有一段话："资本主义发展的核心是创造性破坏，会同时产生赢家和输家。"如果我们希望不断提高生产率和生活水平，就必须用包含先进技术的设备持续替代过时的低生产率设备，这是很简单的算术题。然而在这样的替代过程中，有相当多失去工作的劳动者及其家庭，将遭遇不可避免的痛苦。"听起来，像不像供给侧改革？在我们花大把的时间去研究和谈论您的投资如何英明和丰富的时候，请别忘记，也有可能正是您的投资，正在替代您的事业。这可不是把等式左边的数字移到等式右边那么简单。

和YK分开，晚上与何润峰（一位知名国际新闻记者）吃饭。他告诉我一段采访经历：在香港一个叫做火炭的地方，一群香港年轻人，在政府的支持下，改造废弃的工厂和仓库，变成 creative office，开展对机器人、媒体技术和环保科技的早期项目开发。香港本地的传统投资大户对这样的项目并不感冒，因为每次投资才 1000 万港币左右，实在拿不出手。于是，不少香港的年轻创业者，背着书包到深圳、北京、杭州去寻找投资人。他们期待这里成为香港的创业中心，自称：炭谷。

财富管理业务的三个基本问题

2016—02—12

前段时间写过一篇文字，说 2016 年是属于中国的财富管理元年。没想到，很多业内朋友都理解为 2016 年是中国财富管理行业的春天。各位亲，我在 1 月份还写过一篇文章，即“多做点事：写在 2016 年初的提示”。估计因为标题不够鸡血，根本就没有人看。结果，近期监管出台了一系列政策——比如，18 个月内 P2P 将不允许线下销售；私募产品不允许通过所谓 SPV 权益转让来降低门槛至万元，等等。同时，开年之后，中国资本市场大跌，全球资本市场在春节期间也连续多日下挫，恐慌情绪蔓延。新华社来了一篇专电，说市场大幅波动致使私募基金受损严重。截至 1 月 29 日，市场上有净值数据的非结构化私募证券基金产品 2200 多支，1 月份平均收益下跌 14.41%，跑输大盘。其中，有正收益的产品只占 3.11%，超过 96% 的私募基金亏损。点开 CNBC 看看早间新闻，来自安联和 JP Morgan 的投资专家已经在用 contagion（传染病，蔓延）来形容当下的全球市场。除了黄金升破 1240 美元，投资人这两天普遍本着一种先卖了再说的情绪在投资。于是马上有人问我，从监管到市场，都那么不给力，财富管理行业何以说迎来了元年？

元年不等于春天。相反，元年的意思是真的开始。换句话说，好多号称已经开始的，其实从来就没有开始过。如何判断呢？建议不妨反问自己三个问题。

问题一：有没有做资产配置的基本能力？

老生常谈了。没有资产配置的能力和理念，就不要谈自己做的是财富管理。哪怕不从基本定义上讲，单说效果而言，没有 across shares, across assets, and across countries 的合理分散和投资组合，在面对不同金融及经济周期、多变的市场事件时，就是无头苍蝇，毫无章法，输赢皆与赌博无异。尤其对于富裕家庭和高净值客户而言，能不能为客户提供跨越资产类型和国境的全图谱资产配置，是中国财富管理公司的基本能力和职责。哪怕不能做一家综合型制药厂，但至少要能开一个综合型医院。而且，这家医院不仅能体检和做诊断、开药方，还得配备一个比较完整的药房。

请注意，我们从来不把在互联网上买个余额宝或者下个天天基金的单，叫做财富管理。那是利用互联网技术销售理财产品。相信也没有哪家财富管理公司会以此为生。

问题二：有没有管理风险的基本能力？

财富管理公司需要管理的风险，至少包括市场风险、信用风险、流动性风险、操作风险和法律及监管风险。每一个大类风险中，又可细分为子风险和子子风险。而每一个细分的风险，都将影响到财富管理公司提供给客户的不同产品和服务。其中的映射关系，有的是一对多，有的是多对一；交织纷呈，互为影响，或此消彼长，或彼此强化。

判断一家公司是否在做财富管理的第二个问题，是有没有专门的团队、专门的机制、专门的流程和专门的工具 在科学持续地采集数据和资料，从而统计、分析、报告和处理这些风险。简单的表现包括以下 7 个问题：

（1）公司有没有设立风险管理委员会及其常务办公机制？

（2）公司有没有设置 chief risk officer，而不仅仅只有产品总监或者 chief investment officer？

（3）公司的风险管理团队是否训练有素，且在不同投资管理领域有充足的经验和判断力？

（4）公司及各类投资产品的风险是否有合理而全面的收集、度量和定期的报告制度？

（5）风险报告是否按照披露的原则和标准，定期向公司高管、员工和客户做合理合法的披露？

（6）在关键性风险极可能触发或关键性风险已被触发之前，公司是否已有一整套应对该风险的既定安排？

（7）对于中国的财富管理公司，操作风险和监管风险往往更加频发和致命，公司是否有专门的专家来管理和应对来自资产端和资金端的操作及监管风险？

请注意，建设了风险管理机制和能力，并不等于就不会有损失。但 for sure，没有风险管理机制和能力，就一定会有损失，且往往是致命的。

问题三：有没有靠财富管理业务盈利的基本能力？

这个问题翻译过来，就是能不能从财富管理业务上获取收入并逐渐达成规模效应以实现利润？这看起来像是一个伪问题。但在中国其实不是。大多数中国今天的财富管理公司，由于不具备资产管理和综合咨询服务的能力，是无法从资金端或资产自身的升值中获利的。这个问题其实很容易自省。在销售P2P、P2B、P2X或任何所谓债权权益转让的生意中，公司的获利几乎都来自于融资端（或资产端）为融资所支付的成本。这一成本可以在10%甚至更高，从而在扣除了坏账偿付、人员成本、行政市场费用和销售佣金等之后，如有剩余，计作公司利润。很简单的道理：这一利润，不是财富管理业务直接带来的盈利，而是放贷（借款）业务带来的盈利。

纵览美国、瑞士、新加坡、中国香港和中国大陆等地真正意义上财富管理公司，其收入基本包括三块：

（1）销售各类理财产品或投资项目所收取的直接佣金（或投资人支付的账户管理费、认购费）；

（2）通过专业的投资管理，为客户的账户或投资项目实现升值，从而在升值部分与客户按照合同约定的分成收入；

（3）由财富管理公司提供的衍生或增值服务而收取的直接佣金（或服务费），如医疗、教育或其他客户定制的投融资服务等。这三类费用，与上述由借款人提供的借款息差或融资成本支付，有明显区别。

同时具备上述三个基本能力者，方可认为是进入了财富管理的元年阶段，并势必将迎来这个行业的大发展。至于市场好坏、耶伦说啥、油跌金涨，都阻止不了、反而是不断刺激中国133万600万以上高净值客户①的财富管理刚需。而对那些掩耳盗铃者、刻舟求剑者、投鼠忌器者和刚愎自用者，2016年，将不是春天，更不是冬天，而是冰河世纪。

最后，附一张BCG的小图，颇有深意。

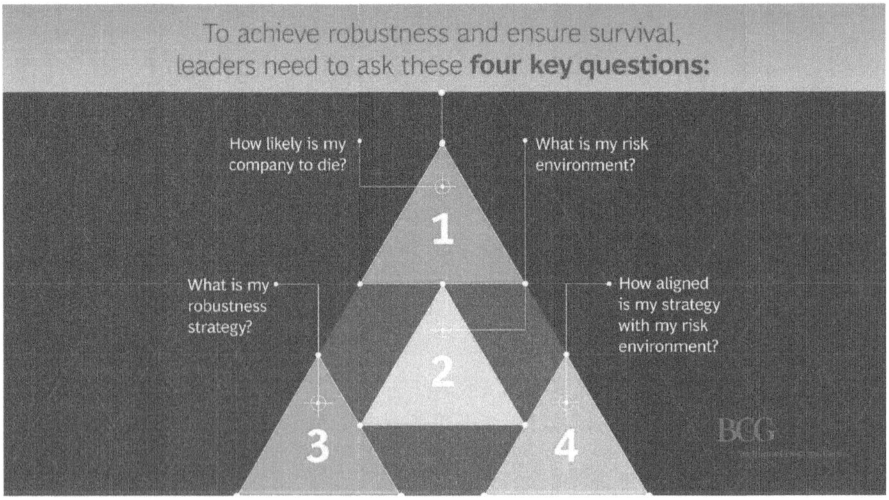

① 数据来源：Global Wealth Report 2015，Credit Suisse

α 专营·β 工厂·解决方案提供商·分销大亨
——大资管行业的商业模式借鉴

2016—07—13

马克思说，一个不联系整体的局部是没有意义的。同样的道理，一个不理解宏观的微观个体，是缺乏价值的。这是为什么？每一个理财顾问都应该花足够多的时间去读懂我们所在的行业，这与为客户管理资产同等重要。

在 BCG 刚刚出炉的《2016 全球资产管理报告·Global Asset Management 2016：Doubling Down on Data》里，前几个章节可以让我们获取并分析一些基本的行业动态和数据。简述一下报告主题。

章节一：Global Assets Under Management Stall at $71.4 Trillion. 全球资产管理行业的 AUM（资产管理规模）滞留在 71.4 万亿美元的水平。2015 年，全球资产管理规模经历了一个仅约 1% 的平缓增长。羸弱的金融市场和货币的震荡使得这个行业出现了自 2008 年金融危机以来最差的表现。

章节二：AUM Grows in Asia-Pacific, Europe, and Latin America. 资产

管理规模在亚太地区、欧洲和拉丁美洲都有增长。在 2015 年，AUM 的增长在不同区域有不同表现。北美地区和中东地区减少了；在欧洲有一个温和的增长；但在拉丁美洲和亚洲地区（除去日本和澳大利亚），却增长得更加强劲。

章节三：Net Flows Are Strong in Europe and Asia-Pacific. 资金的净流量在欧洲和亚太地区更加强劲，而在美国的流动则相对乏力。以亚太地区为例，中国和印度的资金净流入已超过了前一年度 AUM 规模的 10%。

章节四：Retail's Performance Lead over Institutional Widens. 零售业务的表现与机构业务的表现差距进一步扩大。这已经是连续第四年零售业务增长率超越机构板块的增长率了。在 2011 年，零售业务在 AUM 中占有 37% 的份额，而在 2015 年，已触及 40%。全球来看，在 2015 年当年度，零售业务吸引的资金净流入占到了 2014 年 AUM 的 3.3%，而机构业务仅有可怜的 0.3%。

章节五：The Shift to Passives, Alternatives, Specialties, and Solutions Persists. 业务类型向被动投资、另类投资、专项投资和解决方案提供的转变趋势，依然保持。近几年来，传统的主动管理模式下的产品和策略，出现了向其他方向转变的趋势，而这一趋势在美国最为明显。2015 年，美国最吸引资金流入的前 15 个策略中，60% 属于被动投资类型。即使在亚太地区，包括中国在内，也能看到被动投资和另类投资的增长趋势明显，逐渐与传统的主动投资策略，平分秋色。

报告的最后一章，很值得中国资管行业和财富管理行业的从业者，尤其是管理者认真学习和阅读：The Range of Successful Business Models Will Narrow. BCG 认为，基于行业趋势以及来自宏观经济、监管环境、技术变革和投资者特征的驱动，未来一段时间，能够在市场上获得成功的模式并不多，有以下四种：

Specialized alpha shops—— 专业的 α 专营店

Beta factories ——β 工厂

Solution providers ——解决方案提供商

Distribution powerhouses ——分销大亨

除了在上述四个领域能够取得领先的公司之外，其他模式将缺乏生存和竞争的能力，那些能力界定和模式定位不清晰的玩家，将被市场淘汰。

简单解释一下四种模式。

α 专营店有能力基于自己独到的投资技术和精深的风险管理特长，为投资人提供超越市场表现的 α 回报。但是，之所以把它叫做专营店，其中一个暗示就是这样的模式容易受到特定资产类型、特定资产管理规模等条件的影响，不容易复制和大量扩张。同时，经验曲线的效果明显。换句话说，策略需要不断的研发和精进，在策略不为市场所知或熟悉时，往往是有效的，但时间长了会衰减效度。店主不能永远只卖一方药，不断研究和找到有效的方法，才能持续领先。

β 工厂指那些大批量为市场投资人（不论零售客户、还是机构客户），提供 β 投资工具和回报的机构。对于他们来说，运行的效率和强大的流动性，是成败的关键。规模庞大，是他们的优势所在。比如那些开发 ETF 的基金公司，他们几乎可以向全球市场的各类玩家，无限量地供应透明、易交易，且能实现良好流动性的标准化产品。

解决方案提供商与前两者以产品或投资策略为核心能力的商业模式不同，solution provider 更加强调服务的能力。如果用国内的划分方法，前两者属于资管业务，而后两者往往被人们看作财富管理业务。能不能为客户提供跨越资产类型的投资组合构建和管理服务，能不能帮助客户遴选最优质的基金经理，并监督和优化客户整体 portfolio 的管理效果，是解决方案提供商的价值所在。

最后一种模式很容易理解，所谓分销大亨，就是指通过各种手段和技术，大规模分销各种资产类型下的不同产品。竞争优势在于，如何利用人才、技术和创新的营销策略，实现分销通路的合理建设和分销效率的规模化领先。 下面这张图通过产品宽度和分销模式的矩阵，能更为清楚地表明四种不同模式的边界和业务扩展重心。

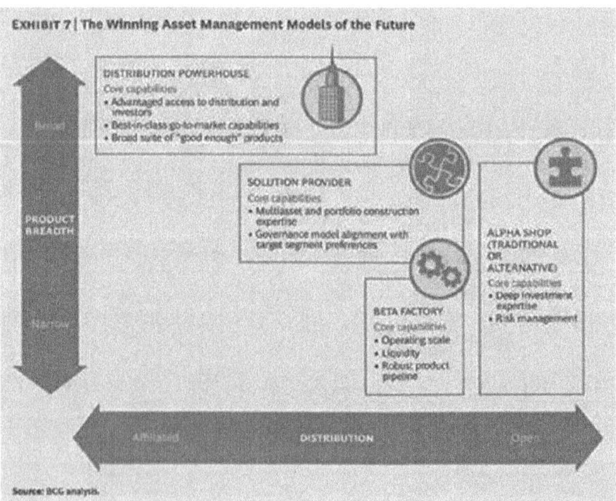

OK，好的问题永远比答案更重要。

如果你是中国的从业者或管理者，你想做的是什么，能做的是什么，正在做的又是什么呢？

这四种模式可以兼得吗，哪怕混合其中的任意 2 种？如果想要兼得，好处是什么，坏处是什么，挑战又是什么？

作为第一种模式，你应该建设什么样的能力，用什么样的人，做什么样的商业规划？第二种呢，第三种呢，第四种呢？

有没有发现，自己其实明明擅长做第四种或第三种，却偏要把资源投到第一种模式的能力建设上，仅仅是为了体现包装出的专业？又有没有出现，本来其实应该好好去生产 α，却一门心思用在了募资扩张和公关运作上，最后搞得跟个分销大亨一样。

在中国开展上述模式，与在美国、欧洲、日本相比，有什么样的本土化特征和优势？

技术的快速更替和创新，投资人的代际结构和变迁，法律及监管的制度化差异，社会信用体系和人际信任关系，金融市场的成熟度和开放度……这一系列因素，如何融入到日常的商业模式运营中？

中国的资管行业与移动互联网，与社交和粉丝群落，与直播技术，与区块链，与云服务，与数据挖掘，都能有什么样的结合和价值发现？

最后一个问题，这个行业，会是赢家通吃吗？

BCG 的报告对上述的问题都有一些涉及，但答案，还得靠中国从业者，自己去找。

中国财富管理行业的资产荒、慌和谎

2016—09—05

在各种财富管理论坛和投资者活动中，听过好几次这个词：资产荒。城市套路深，一切为钱生。套路继续，每一次这个词出现，就看到在场人们信服的目光。

宏观经济层面关于资产荒的判断，对行业发展和个人投资没有解释力。

经济学家认为，中国经济增长速度在下降，使得资产回报率下滑，低风险、高收益的资产少了；几年来货币超发，于是资金面过于充裕，无处可投，推高了资产的价格；利率改革等金融体系的结构化调整，倒逼金融机构的资金必须追求更高的回报率，使得所谓的好资产更加稀缺。这样的判断，从宏观和理论层面上讲，似乎有道理。但对于投资者和行业实践者而言，却不究竟。

究竟者，所谓诸法实相。说简单点，就是原原本本、真实存在的状态。我们落地观察中国财富管理市场，其实并不会看到所谓的“资产荒”现象。即使偶尔看到一些像资产荒的，也是装荒、甚至假荒。这个农贸市场里的卖家们，依然是狮子大开口，钱有多少，咱要多少，咱有的是地方投。

先说中国投资理财行业最大的巨无霸：银行系统。参考银行业理财登记托管中心首次发布的《中国银行业理财市场报告（2016 上半年）》，截至 2016 年 6 月底，全国共有 454 家银行业金融机构有存续的理财产品 68961 只；理财资金的账面余额 26.28 万亿元，较 2016 年初增长 11.83%。2016 年上半年，中国银行业理财市场累计发行了理财产品 97636 只，累计募集资金 83.98 万亿元。你可能理解不了这是多少钱，举 3 个数字对比下：中国 2015 年的 GDP 一共是 67.67 万亿元；日本 2015 年的 GDP 大约是人民币 31 万亿元；而中国 A 股总市值大多在 40 万 ~50 万亿之间。

咱的银行系统，在 2016 年的上半年，就发行了可以买下两把 A 股、相当于 2.5 个日本 GDP 的理财产品。你会问，收益如何呢？报告显示，银行理财产品为投资者带来十分可观的回报。2016 年上半年，银行理财市场共有 10.8 万只产品发生兑付，其中有 8.73 万只产品终止到期，累计兑付客户收益 4723.8 亿元，封闭式产品兑付客户收益率平均为 3.98%。银行理财产品，是中国最强的刚兑基准，4% 的水准真心不差。

你走进任何一家银行，告诉他你要买理财产品，你看他会不会告诉你，现在资产荒，没有东西卖给你。相反，银行和传统金融机构的理财产品，收益率不会因为什么利率下行而下行，而会随着银行尤其是股份制银行和地方商业银行的业务革新，更加重视财富管理业务，采用更加市场化的运作方式，为客户提供更多高收益预期的品类。加之银行信誉和刚兑联想所产生的品牌效应，中国的银行，在 2016 年下半年和未来一段时间内的理财产品规模，依然会保持和 M2 至少一样的增长速度。

中国三方财富管理机构的痛并不是资产荒，而是自身能力慌。

再看非传统金融机构的行业玩家。近一个月以来，团队的主要精力放在研究独立三方的发展模式和业务技术变革上。我们系统梳理了中国超过 20 家管理资产规模 100 亿以上的独立财富管理机构，包括人、模式、产品线、科技基因和路径依赖。我们研究了 6 家把自己叫做独立理财顾问平台的 Online 财富管理公司，围绕谁是孙悟空，谁是六耳猕猴，谁是六小龄童，做了激烈辩论。

我们深聊了几个由顶尖国际化团队打造的初创 RA 公司，与他们探讨在目前行业监管者的心态下，大家应该继续做金融创新、以科技普惠大众呢，还是干脆回归华尔街惯用手法，用各种各样的高大上简历发行各式各样别人看不懂的量化产品？我们甚至遇上某亚太顶尖 PE 大佬的基金，向我们反馈，她们完全不理解，为啥那些从来没有 track record、项目资源都不稳定的基金，轻松通过某些财富管理机构融到 5 个亿、10 个亿，而她们的基金却摸不着门道。

我们问一下，他们发生了资产荒吗？

不少传统线下的财富管理机构，在 2016 年的前 8 个月里，就新增数百亿、近千亿的募集规模，业务增长速度同比去年是 50%、甚至 100% 以上。自然，大多数都是固定收益类产品，以 12~24 个月的信托或契约型基金为主要形态。一些运营历史不足 2 年、甚至 1 年的在线独立理财顾问平台，经常出现 1 天募集金额超过 1 个亿、5 个亿、甚至 8 个亿的惊人数字，而产生这些数字的理财产品，也是确定预期收益率的固定收益类产品。因此，投资人根本不会从这些机构身上感觉到所谓的资产荒。

一些业务相对领先的机构，发力股权投资，在一级市场以 FOF 为主要产品形态和募集模式，这就更不存在资产荒的问题了。相反，站在一级市场投资的风险控制和机会获取角度，超大规模的FOF，其实有其存在的合理基础，可以将风险投资的大数定律效用发挥充分。因此，如果你面对那些全力发动做股权投资的财富管理机构，更不会感觉到有什么资产荒了。在他们眼里，总有大把的Early Growth和优质项目或基金在手。你的钱，有的是机会可以投出去。

再说说RA，智能投顾，存在资产荒吗？别闹了，机器人还能嫌你钱多？RA基本上投的都是ETF，而且大都是海外和美国的ETF，哪里会有供给不够的状态。如果你的钱已经在海外，你放开了买，作为passive investment，一个单一策略的有效规模基本都在几十亿美元的水平，更不要说一些低波动的策略，有效性规模都在百亿美元甚至更高。

一些通过QDII将海外策略适用到人民币投资人的RA，其唯一可能受到的限制：不是资产荒，而是QDII额度有限——他们的策略所引导你配置的海外ETF标的QDII，可能没有额度。但请注意，这也不是资产荒，而是由监管和人民币贬值压力而带来的短期监管限制。况且，就算是国内目前最领先的RA公司，也还远未达到能够把市场上额度占满的程度，这个happy problem，还只是个期待。

不用我再赘述那些主打资本市场产品的财富管理机构了吧，3000点，亲们，他们是资金荒，不是资产荒。你有钱就上，金银铜铁锡，沪深港债基，你随便投。

我们说，中国财富管理行业真正面对的问题，并不是资产“荒”，而是，慌和谎。

资产管理能力的欠缺，财富管理服务能力的不足，使得不少机构一方面逐渐无法有效获取并管理好资产，同时，也难以通过为投资人提供高质量服务，增加收入。另一个普遍的现象，是一些机构产品线单一、收入来源过度集中，而且自身长期以来，缺乏利用科技手段提高运营效率的能力。于是，一边是成千上万的蚂蚁雄军团队，固定成本极高；另一边是全市场成百上千的竞争者，加之BATJM和传统金融机构的各种挤压，利润空间变小，市场规模收缩，从而导致自身产品供应和管理能力的显著下滑。最后，收入荒了，也就慌了。

哪怕是在大家都普遍认为的固定收益领域，真的就是“资产荒”吗？别老拿不能再借钱给地产和东北国企说事。简单问一句，除了P2P，难道中国就没有什么模式或技术，能够为市场提供固定收益投资品种了吗？中国的消费金融、供应链金融、广大的农村及农业金融服务市场，给固定收益类资产提供了充足的来源，也已吸引了不少先行者去探索、挖金和打井。说“荒”的机构，大多其实是能力不足，或视野不够。还是慌，而不是荒。

谎，是比荒更让行业慌的问题。

有的机构“慌”了，解决不了“荒”的问题，却干脆开始扯“谎”。我们再次看到了市场上出现“高佣金、高收益、短期限”产品撬动募集规模的循环。对于这些机构而言，不是荒不荒的问题，而是风险选择的问题。给客户10%以上年化、一年期、佣金3个点以上的产品或项目，打包一个契约型基金，卖的哗哗的。用一个做不良资产投资的朋友话说（注：不良资产投资不等于不靠谱），“还有更刺激的，要吗？给你一万个亿。”这样的模式下，劣币驱逐良币，机构不断生产或贩卖高风险产品，期望刚性兑付在任何领域、任何历史阶段都能重复。企图短期内把自己做大，变成大而不倒。和2014年我们说e租宝时一样，自己撒谎骗了自己。

中国财富管理行业的四个更迭

2016—09—23

这是从单一固收产品转型综合财富管理的最后一个窗口。

每一个时代，都有属于这个时代的明星产业。做一个不太恰当的比喻，今天在中国开财富管理公司，就好比二十年前在中国开房地产中介公司；而如果这家财富管理公司还具有资产管理能力，那就可以比作是20年前在中国开地产公司。咱反过来想想，如果你没有参与到这个大趋势中，倒也不是没有其他选择。只不过，好比你在20多年前，忽视了参与中国的地产行业罢了。

从行业观察和做事的角度，我都是一个爱出差和爱见管理者的人。因为每一个高管、每一间公司、每一个城市，都反映了某种商业模式在一个具体时空点上的个体存在。这个城市的财富管理机构都在忙些什么，有什么样的集体特征。这家公司在想什么事、用什么人、提供什么价值给客户。这位高管正处于什么样的情绪和心态，推动什么样的任务，提出了哪些需求，又产生了何种焦虑。当你脑子里储备了中国10个城市、50个大大小小业务规模的财富管理机构、超过100个高级管理者或创始人、不少于200种不同产品和服务的信息和画像之后，你会发现，这些“点”的存在，构成了一条线的分布，无比鲜明。虽然大家都生存在 2016 年的 9 月 22 日，但有的人其实一直都活在 2011 年初，有的人可能刚刚赶到 2015 年底；还有的，稍微跑得远了点，大概已经穿越到 2020 年的春天了。我们的时间属性，不是由表决定的，而是速度。个人如是，企业亦然。

对于泛 P2P 行业的公司以及那些只销售单一固收产品的传统财富管理机构来说，未来半年间 ，请完成向多产品和综合财富管理模式的业务转型，并请把公司带上科技的轨道。当然，你也可以选择做其他业务，或者再慢点，慢点。但如果还想跟上财富管理或资产管理的前进步伐，请注意前面的建议，这是四个行业更迭带来的达尔文进化。

一、以权益融资为主更迭以债务融资为主

这是一个关于经济发展和行业态势的基本常识判断。经济下行的大周期下，企业和政府正试图降杠杆的同时，中国居民却正在不断提高自己的杠杆。插个话题，比如房价，是一个表现。有种观点认为，中国居民储蓄率很高，有进一步提高杠杆的潜能和安全垫。论据倒是不假。中国居民的高储蓄率，说直白一点，就是他们还是很有钱，有钱人还是很多。所以，凑一凑，倒倒手，买得起，炒得动。不过，能量守恒，既然有了杠杆，就一定要有支撑杠杆的支点。这个支点，要么是一个不断交易且推高价格的市场，让投机者能从自己的杠杆里脱身；要么是自己不断提高的收入水平，能最终化解自己的杠杆。于是催生两个基本追问：其一，还有多少人想要 / 需要 为你的杠杆接盘？其二，你还有多大潜能进一步提升自己的收入水平？请注意，我从来没有说过房价那么高不正常，我只是提出了两个基本问题供参考。

说回咱们自己的行业，财富管理机构之所以在过去的十年甚至更长的时间里，有充足的固收产品可以卖，无非来源于三类机构的杠杆融资需求：①企业（以国有企业和地产商为绝大多数）；② 政府；③ 个人。95% 以上的信托和固收类产品，来自于第 1 种和第 2 种；而几乎 100% 的 P2P 或类 P2P 产品则来自于第三种。那好，返回我前面一段话的内容，大家认为：还会有多少靠谱的产品供应量？而且，再多说一句，即使还有供应量（比如在个人融资需求方面），真的就能轮得到你卖？轮得到你用人卖？

中国经济要转型成功，毫无疑问的是，直接融资渠道要打通，做强。不论是政府监管层面，还是企业主体层面（比如：银行 PE、大型国企动辄几十上百亿的股权投资基金，都是一种趋势印证），还是在技术革新层面（比如：区块链技术带来的权益资产的构建革命），我们已经比以往更加明确地体会到权益融资时代的到来。

随着刚性泡沫的打破，人民币国际化和利率市场化的落地，在经济下行的调整期，权益融资将成为全社会经济实体，尤其是优质经济实体的主要融资模式。底层资产的融资模式决定了理财产品的基础类型。在这种前提下，还困守在一个传统的固收产品舒适区，我们可以理解为一种一厢情愿的心态，而不是长远活下去的勇气。

二、以顾问为中心更迭以产品为中心

固收时代，是产品为王的时代，理财顾问不重要。用英文说可能含蓄点：dispensable。公司之间比的，是严格的管理、纯纯的勤奋和到位的话术训练。的确不错。

我们遍观全球财富管理和资产管理行业，有没有产品为王的公司或细分领域？有！伯克希尔、黑石、贝莱德、KKR、橡树、文艺复兴……这些有能力生产 α 的大师，都是产品为王的典型代表——简单一句话：我行，你不行。但请问：他们是在卖固收产品吗？ Why？固收类资产，核心在于对获取资产的通道覆盖和资源垄断。想想银行、信托、传统投行业务等例子。即使在当年 P2P 兴起的时代，行业发展的初期，新人领先者在债权获取模式、获取技术、风控分析上会有优势，从而很快形成一定的覆盖规模和竞争门槛。但随着科技的进步和参与者的增加，固收产品的供应者面临了和二级市场 β 的供应者类似的问题：最后比赛的，是规模。换句话说，比的是谁多，谁池子大，谁流动性管理的好。那么问题来了，中国 80% 以上的财富管理机构，能够构建这种优势吗？也太不把互联网大佬（BATJM）和垂直新贵（链家找钢瓜子）放在眼里了。

越来越明确的是，随着技术进步和市场成熟，理财顾问的重要性和对业务的核心功能，不仅不会降低，反而会提高。所有的数据挖掘、科技终端、移动技术、智能投顾，都只是财富管理机构作为服务商，提供给专业理财顾问的作业工具，而那个围绕客户的人性化需求，作为一个人理解另一个人的存在温度和精神需要，开展信息服务、产品配置服务、投资顾问服务、事务支持服务的人，是那个武装齐备的理财顾问。

随着固收时代的过去，随着刚性兑付的打破，人的价值自然得到了释放。有位 VC 大侠跟我持相反的意见。做了 30 年金融的他，认为金融产品越来越标准化了，所以一定是自动化的，服务者不重要。我反驳了一句：哥，金融产品可能是越来越标准化了（也只是可能）。但人，却是越来越复杂化了。这个世界上，没有人需要一个年金计划，也没有人需要一支 mutual fund，更没有人需要一个“江西共青城 ABC 有限合伙”。人需要的，可能是心底的安全，是投机的快乐，是慈善的安慰，是科技参与的成就感。药的标准化，并无法取代医院和医生。

三、移动互联和智能科技更迭物理网点和传统沟通

这是最不需要花时间讨论和阐述的一个更迭。

举个最简单的例子，一个没有移动端产品管理和营销系统的财富管理机构，毫无疑问的，会存在信息传播效率低、质量差、募集速度相对较慢、人力和租金费用相对更高、人均产能低的挑战。原因不难理解：每一个交易，需要沟通的复杂程度，从内部沟通员工、到外部沟通客户，都更大、更不标准化、更浪费时间和金钱。

这个劣势，在固收产品时代是可以忽略的。因为一年到头，就卖一种或三种产品，或者一种类型的产品，只需要培训员工收益率、期限、佣金数，即可。但在复杂和多产品时代，别说客户，理财顾问自己如果没有一个友好的信息获取、知识学习和交易促成的终端，都会时常处于忙乱状态。

提醒一句，不要以为因为你的公司只做固收产品，就不需要为理财顾问建设系统。因为如果只做固收产品，互联网平台就可以解决这个问题。我们接触和了解的多家理财顾问平台，正以每天少则几千万、多则几个亿的速度在营销固定收益理财产品。他们在线获取理财顾问的用户流量，发放高于公司水平的佣金。这个模式的好坏或正义与否，暂不去评述，但至少说明一点：只提供固收类产品的销售中介，逻辑上是没有必要存在的。因为标准化资产可直接对接理财顾问，甚至客户本人。

RA，是另一个典型的例子。二级市场的策略开发、产品设计和投

后管理，曾经是多么花费心思和成本的事情。而今天，智能投顾将大大提升其效率和效果。以我们深为了解的 LHZT 为例，作为国内最早开展智能投顾业务的科技公司之一，他们能够提供美元离岸和人民币在案（QDII）两种币种的投资解决方案，支持客户用人民币或海外美元账户，直接完成对不同风险收益特征的美国市场 ETF 组合的持有（标的资产是美元计价）。公开信息披露，截至 2016 年 8 月 31 日，LH 的人民币组合年化收益率为 14%（最大回撤 1.2%），美元组合的年化收益率为 11.9%（最大回撤 1.1%）。而同期的沪深 300 表现，年化收益 -12.7%，最大回撤 20%；同期的中国公募基金的平均年化收益也仅有 -5.3%。

暂且不说智能投顾在投资水平上的稳健表现值得期待，单就业务模式而言，传统的一支 QDII、一支基金或靠人工复杂测算和组合的产品构建及营销模式，将被更迭。这既提高了理财顾问从业的专业度和便利度，更便捷地满足了客户配置海外资产的刚性需求。

四、区块链的时代更迭是基础性的

就在这周，上海区块链国际周正在外滩茂悦酒店举行。会场内外，各种肤色、各种背景的新老金融人、科技人，热烈讨论和交流。这只就是属于极客和疯子的活动吗，与财富管理和资产管理业务很遥远吗?

区块链及其技术的运用，将改变我们交易的模式、信用的模式、资产的价值度量和储藏模式、金融体系搭建的模式。一句话，区块链将改变我们的金融。看来太抽象了，举几个理财顾问场景里的例子感受下：客户没有美元，找你换，5 万美元的额度超不过。你通过区块链技术，为客户持有一个比特币账户，随时在世界各大交易市场，转换为任何法币币种。别人卖的是外汇组合基金，你却可以卖全球虚拟货币的 ETF（由比特币、以太币等主要虚拟货币组成的指数基金）。别人投资公司的私募股权，通过 IPO 退出；你却帮助客户投资某些具有很大增值和应用潜能的虚拟货币，通过 ICO 退出（Initial Coin Offering）。当然最简单的，你有没有想过通过 VC，帮助客户投资和持有全球前沿区块链技术公司的股权，然后其中一家，成为未来的 Google 和 Apple。

区块链的理念、技术和应用，将改变资产构建的模式，改变公司与雇员、服务者与被服务者、社会与个体的关系，改变人与人之间交换时间与价值的方法。作为引导金钱去往它最该去向的一群人，我们怎么还能活在清朝？

2015 年底，我曾经写过一篇长文，说 2016 年是属于中国财富管理行业的元年。这倒不是什么吹牛的话。我的同事，学究西贝中医，做了一个特别接地气的论证："如果你是牡丹江的精英，今天你发现，房地产公司不能开了，厂子和场子都不能办了，萨斯怕死爱死啥互联网是个什么鬼也都不懂。怎么办？开财富管理公司啊！"我恍然大悟，原来这是供给侧改革。

中国财富管理行业的四个更迭，由近及远，正在到来。That day will come, anyway.

什么样的财富管理机构，才能为客户提供资产配置服务？

2016—10—08

关于什么是资产配置，从学术上的讲法，是教授教的。1952 年，作为现代资产组合理论的发端，哈里·马科维茨（H Markowitz）发表了那篇仅有 14 页的论文《投资组合选择》。1959 年，他继续将其理论系统化，出版了“投资组合选择：有效分散化”，试图分析家庭和企业在不确定的条件下，如何安排资产配置，从而沿着最有效的边际投资。随后的知名段落，包括 1986 年 the Financial Analysts Journal 刊载了 Brinson、Hood 和 Beebower（BHB）的 Determinants of Portfolio Performance 论文。文中说到：在投资组合的收益中，几乎 94% 可以由其资产的配置来解释。1991 年，H 换成了 S，文章的主标题没变，加了一个罗马数字“Ⅱ”，再加了一个英文副标题“An Update”，Brinson、Singer 和 Beebower 再次刊文。BSB 重申了 BHB 的结论，即：投资组合中的资产配置策略，对于组合业绩起决定性的作用。这两个桥段，经常被业内人士拿出来给普通投资人讲道理。

当然，知道 BSB 或者 BHB 的人还是少数，我再给大家一个桥段，可以拿出来说。1990 年的诺贝尔经济学奖得主、“夏普比率”的提出者、鼎鼎大名的威廉·夏普，也有一篇论文，叫 Asset Allocation : Management Style and Performance Measurement。文章更加深入地阐释了投资组合理论的应用框架，分别对 12 种资产类型的表现进行了分析和评述，并给出了如何通过因子模型的分析方法，构建有效的投资组合和投资过程。神马，没有太明白俺在说什么？ echo 一下几天前石头兄弟的一篇文章：财富管理公司为什么需要 IC。

微信公众号“顾问云”还发表过一篇文章，“聪明的投资人只需要一款理财产品：资产配置”。从理财顾问实务的角度，探讨资产配置的意义、功能和大类资产类型的基本特征及其在资产配置中的角色。文章的作者是一家财富管理公司的资深培训总监，同时也是 AFP、CFP 等课程的讲师。文章虽然写的不深奥，但扎实的逻辑和内容，能够指导一线的业务实践。

问题来了：假设有了对理论的理解，且理财顾问们对资产配置的方法也基本掌握，一家财富管理机构就可以为客户提供资产配置服务了吗？别闹，远了去了。

大家都知道资产配置是行业的未来；但国内有想法、有能力这么去做的机构，却是凤毛麟角。毫不夸张地讲，哪些机构和平台能够领先建设起资产配置的服务能力，哪些机构就将在未来的 20 年里，引领这个数十万亿市场的龙头？参考全球范围内资产管理和财富管理业务的最佳实践，一家机构要具备为客户提供资产配置的服务能力，首先需要建设三项基础能力：①研究能力；②产品管理能力；③科技能力。今天，我先专题讲讲研究能力。

研究是财富管理一切业务的起点。

无法想象的是，一家成熟的财富管理机构，竟然可以没有投资研究团队，竟然很少向自己的客户传递最新的投资资讯、观点、策略和建议（比如，我们俗称的 House View/Outlook）。这就好像你掏钱找个向导，而这个带你走路的人，根本就没有地图和望远镜，全凭直觉和个人兴趣带你找道。一位在新加坡财富管理行业执业多年的朋友曾跟我聊起："大陆没有财富管理机构，只有卖基金的，卖保险的，卖 P2P 的和卖私募股权的。他们不需要研究，因为他们只有一种东西要卖。他们甚至都不愿意研究，因为他们既不希望自己的员工、更不希望自己的客户，知道还有其他产品可以配置、应该配置。"说起来，令人汗颜。

缺乏研究能力的财富管理机构，存在如下一些缺陷，易导致业务发展受困，甚至在产品和业务布局上出现战略错误，面临声誉和风险损失。

（1）对投什么、做什么，没有体系化、周期性的思考，心血来潮、跟风出错。缺少对宏观市场和投资周期的及时、准确的研究和判断，导致机构在错误的时间、错误的环境下，推出错误的产品和项目，从而产生兑付和声誉上的损失。

（2）只会一招独门绝技，一旦窗口过去、周期更迭，单品供应和风控能力明显下滑，业务受困。缺乏对全市场、大行业和多产品类型的持续研究和学习，容易止步于自身舒适区，无法尝试和探索新的业务和资产类型，收入来源过于单一。于是，一方面在机会到来之时或视而不见，或水中捞月；而另一方面在周期更迭、大潮退去时，跟不上，面临出局。

（3）机构缺乏研究能力，就难以生产基础的业务内容。而这些内容，恰恰是机构开展资产配置服务最基础的资源。财富管理机构的业务链条，既不是从理财产品开始的，更不是到理财产品就结束了。合理的财富管理业务链条，从机构到客户的价值传递，是"研究（Research）—策略（Strategies）— 产品（Products）— 服务（Services）”四个环节的无缝对接和一气贯通。

研究部门是大脑，是公司的“总参谋部”，出的是观点和判断，以指导整个机构每一个部门、每一个团队、每一个个人的思考、方法和言谈。从人力资源部到品牌市场部，从法务部到科技团队，从CEO到每一个理财顾问，都必须清晰地了解研究部门的思路和观点。否则，品牌营销、人才获取、技术系统、客户服务，等等，都将是无根之水和无脑行为。全公司上下观点混乱，对内思路不清、想法莫衷一是；对外信息混乱，各执一词。理财顾问和客户们，就是“没头脑”和“不高兴”。

更进一步说，由于财富管理机构属于金融投资行业，因此哪怕是公司的业务战略，其实也是建立在对于投资和市场研究的基础上的。例如，正是因为另类投资（alternative）将成为未来一段时间需要重点关注和超配的资产类别，公司才需要在私募股权投资、母基金管理、移动端产品平台及客户服务系统以及海外投资业务等方面着力展开布局，也才需要大量寻找这样的人才和靠谱的合作伙伴。

在研究完成的基础上，研究部门和产品部门需要共同提出基于前述观点和判断且契合当下环境并可行的投资策略。再接下来，产品部门负责将这些策略逐一打开，寻找或生成符合策略要求的产品和项目，并完成法务、合同、合规、运营等一系列安排，落实成具体可供客户投资的标的产品。最终，由理财顾问集中使用来自研究部门、产品部门、营销部门、客服部门、法务部门等围绕研究而生产的“内容”，利用科技手段，综合起来为客户提供财富管理服务。这样，才能完成Wealth Management Business的价值传导。

说了半天，大家可能还是觉得太抽象了。为了避免广告嫌疑，举一个海外的例子吧。我们和大家分享研究能力建设的一个成果应用：House View，也称 Outlook。

分享之前，为避免误导和误解，做三个注释：

1）以下仅为案例展示，不构成我本人任何投资观点或建议。

2）举例该案例是因为该机构符合成熟财富管理机构的三个基本要素：时间久，跨越多个投资周期（40 年以上）；规模大，具有规模代表性（AUM 在 1 万亿美元以上）；业务分布广泛（多资产类型，且全球设有办公室）。

3）该案例仅供代表性参考，并非视作行业最佳实践。

一、主题与重点

在业务实践中，House View 大多是阶段性、常规化的，不能丢三落四、虎头蛇尾。大多数情况下是一个季度一次；每逢半年或全年的那次，会有一个较为详细和综合的版本，内容相对更丰富和充实。每逢重大事件或市场动荡时，会有专门的报告出台，对阶段性或季节性报告做补充和完善。每一次 House View 都有一个主题，即能够充分概括该阶段研究成果和中心思想的一句话、一段话、甚或一个词组。

例如，案例中的这个 House View，是 2016 年年中截至 8 月份的版本，本身就称为“资产配置展望”。主题词：Deceptive Calm，可以翻译成“具有欺骗性的平静”；而下面的一句话更

加明确地点出了主旨：在稳定但非安全的市场开展全球化投资。我的翻译水平距离信达雅有好几光年，从现在起，大家看英文原文更能体会作者遣词造句的造诣。

主题词、主旨句之后，往往在第二页会有一段话，做本次研究报告的总体摘要说明。这类似与大学的论文格式，所有英美教育体系下的 academic writing 都是这个风格。金融投资作为专业内容，呈现模式自然也不例外。在这一段话中，该机构将整体上对风险的认知、对宏观

As we were at the beginning of the year, we remain moderately overweight risk, in line with PIMCO's secular thesis of "Stable But Not Secure." However, in light of stretched valuations and complacency across many assets, we are maintaining ample dry powder and remain focused on portfolio liquidity. While we don't foresee an imminent global recession, the pace of economic recovery remains mediocre and central banks are running out of policy options. Stock-bond correlations are likely to be less stable and reliable than in the past decade. This outlook warrants a focus on well-diversified and high quality sources of income, with the anticipation of adding back risk as bouts of volatility present attractive investment opportunities.

经济环境的判断、主要资产类型的表现预期以及近阶段确认的投资焦点和重点，进行了简明扼要的阐述。每一个动词、名词、甚至形容词和副词，都值得我们很好地参考和借鉴。同样的金融服务行业的从业者，老外在观点表达上的严密性和逻辑性，真心值得中国本土财富管理行业的从业者认真学习。

二、背景分析和重点策略解释

沿着主题一脉相承下来，研究者简单开始阐释研究的背景、方法、思路。随后，在文章的后半部分，开始就几个大类资产类型或投资标的，提出具体的意见和建议。例如，保持对新兴市场的牛市认知，因为

在 EM 的投资逆风在减弱；稍微超配美国市场的银行股票，同时减少对欧洲权益类资产的超配力度；看好 TIPS 和 REITS；以及最后，提出对结构性 α 和另类风险溢价策略的偏好，用与传统资产类型低相关的收益类型来多元化整个投资组合。

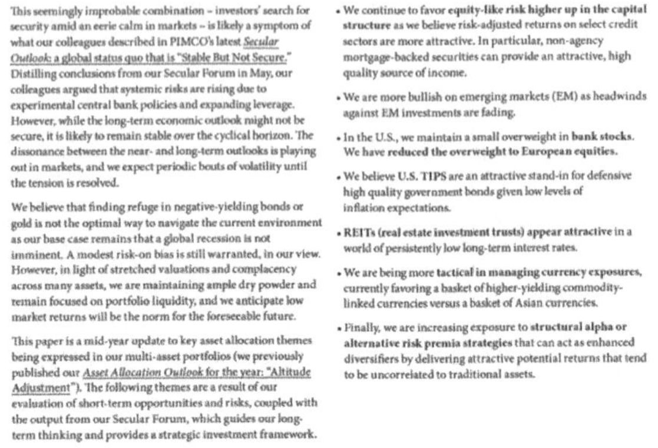
This seemingly improbable combination – investors' search for security amid an eerie calm in markets – is likely a symptom of what our colleagues described in PIMCO's latest Secular Outlook: a global status quo that is "Stable But Not Secure." Distilling conclusions from our Secular Forum in May, our colleagues argued that systemic risks are rising due to experimental central bank policies and expanding leverage. However, while the long-term economic outlook might not be secure, it is likely to remain stable over the cyclical horizon. The dissonance between the near- and long-term outlooks is playing out in markets, and we expect periodic bouts of volatility until the tension is resolved.

We believe that finding refuge in negative-yielding bonds or gold is not the optimal way to navigate the current environment as our base case remains that a global recession is not imminent. A modest risk-on bias is still warranted, in our view. However, in light of stretched valuations and complacency across many assets, we are maintaining ample dry powder and remain focused on portfolio liquidity, and we anticipate low market returns will be the norm for the foreseeable future.

This paper is a mid-year update to key asset allocation themes being expressed in our multi-asset portfolios (we previously published our Asset Allocation Outlook for the year: "Altitude Adjustment"). The following themes are a result of our evaluation of short-term opportunities and risks, coupled with the output from our Secular Forum, which guides our long-term thinking and provides a strategic investment framework.

- We continue to favor **equity-like risk higher up in the capital structure** as we believe risk-adjusted returns on select credit sectors are more attractive. In particular, non-agency mortgage-backed securities can provide an attractive, high quality source of income.
- We are more bullish on emerging markets (EM) as headwinds against EM investments are fading.
- In the U.S., we maintain a small overweight in **bank stocks**. We have **reduced the overweight to European equities.**
- We believe **U.S. TIPS** are an attractive stand-in for defensive high quality government bonds given low levels of inflation expectations.
- **REITs (real estate investment trusts) appear attractive** in a world of persistently low long-term interest rates.
- We are being more **tactical in managing currency exposures,** currently favoring a basket of higher-yielding commodity-linked currencies versus a basket of Asian currencies.
- Finally, we are increasing exposure to **structural alpha or alternative risk premia strategies** that can act as enhanced diversifiers by delivering attractive potential returns that tend to be uncorrelated to traditional assets.

由于本次研究报告的一个重点就是关于结构性 α 和另类风险溢价投资策略的侧重和偏好说明。因此，Outlook 中用了 3 页，专题对为什么在较长一段时间里要强调这个主题，以及这个主题在投资组合中的具体模式、方法和地位做了阐释。我节选了如下两张图：

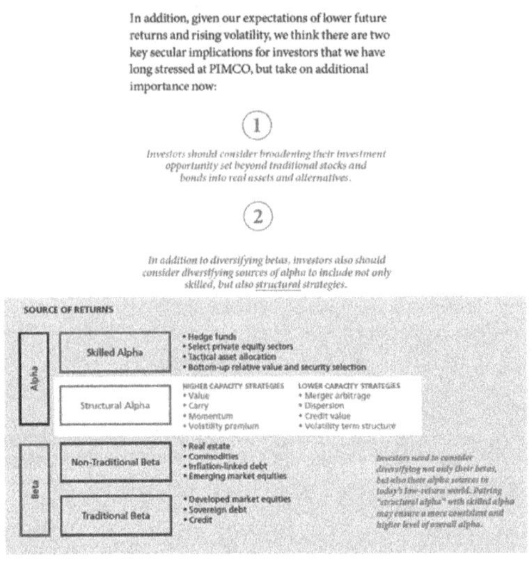
In addition, given our expectations of lower future returns and rising volatility, we think there are two key secular implications for investors that we have long stressed at PIMCO, but take on additional importance now:

1

Investors should consider broadening their investment opportunity set beyond traditional stocks and bonds into real assets and alternatives.

2

In addition to diversifying betas, investors also should consider diversifying sources of alpha to include not only skilled, but also structural strategies.

个人非常喜欢下面这张图：收益的来源。上面是 α 的来源，下面是 β 的来源。α 又分为技术性的和结构性的；β 再分作传统的和非传统的。如此简明扼要的几个框框，不到 20 个词组，把要解释的东西、要展现的概念，说得清清楚楚。如果打开 Wikipedia，围绕下面这个图，可以查阅整整一周估计都学习不完。对于高净值投资人和理财顾问团队来讲，这一张图，有充分的信息量和营养值得借鉴和思考。

三、不同资产类型的观点和判断

在对主旨和重点说明清楚之后，大多数 Outlook 和 House View 将进入对不同大类资产的投资判断。不同的市场、不同的机构，会有不同的习惯。股、债、商品、外汇、另类，这几个大类一般都少不了，然后再把几个小类也分布其中。至于观点和判断，大多数机构也都选用超配、低配、中立三种不同的意见，展现形态是萝卜白菜，各有所爱。比如在这个案例里，是这么展现的：

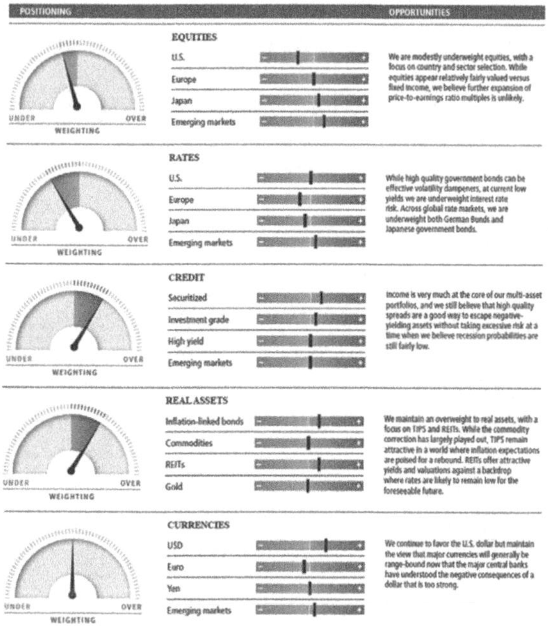

这样的图表是为了简单明了地说明研究者意见。对于专业投资人和理财顾问来说，在随后几页中可以读到每个大类的详情说明和缘由分析，并看到具体的数字和图表，在此不再赘述。但对于大多数客户而言，看到这样的仪表盘，已能够基本了解机构给到自己的投资解决方案，并与自己的理财顾问有了讨论和分析的共同基础和依据。

四、结语与补充

HouseView 或 Outlook 的结尾，往往是对前面主题和主旨的呼应、重复。有的时候，前面说得太满的话，也在最后结语时，做一下缓和与解释。这自然也是 professional writing 的基本要求和习惯。

值得中国本土机构和专业人士充分借鉴的，还有一些细节。比如文末的名词解释和注释部分。不是所有的客户都明白你前面的术语，也不是所有的客户都理解所谓 credit 领域的投资，到底受到什么影响。一个负责任的机构，必须把自己对客户所展现内容的关键名词和概念，做附录式的解释和说明。下图中我节选的这些密密麻麻的小字，既是遵守充分披露的相关法规政策要求，更是一家财富管理机构专业、诚信、负责的态度和能力体现。

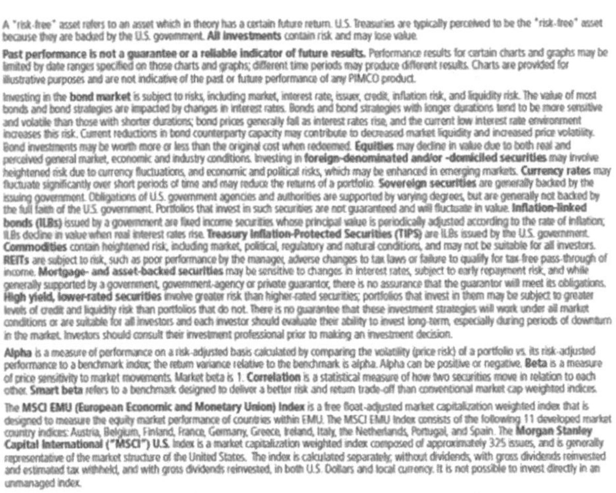

A "risk-free" asset refers to an asset which in theory has a certain future return. U.S. Treasuries are typically perceived to be the "risk-free" asset because they are backed by the U.S. government. **All investments** contain risk and may lose value.

Past performance is not a guarantee or a reliable indicator of future results. Performance results for certain charts and graphs may be limited by date ranges specified on those charts and graphs; different time periods may produce different results. Charts are provided for illustrative purposes and are not indicative of the past or future performance of any PIMCO product.

Investing in the **bond market** is subject to risks, including market, interest rate, issuer, credit, inflation risk, and liquidity risk. The value of most bonds and bond strategies are impacted by changes in interest rates. Bonds and bond strategies with longer durations tend to be more sensitive and volatile than those with shorter durations; bond prices generally fall as interest rates rise, and the current low interest rate environment increases this risk. Current reductions in bond counterparty capacity may contribute to decreased market liquidity and increased price volatility. Bond investments may be worth more or less than the original cost when redeemed. **Equities** may decline in value due to both real and perceived general market, economic and industry conditions. Investing in **foreign-denominated and/or -domiciled securities** may involve heightened risk due to currency fluctuations, and economic and political risks, which may be enhanced in emerging markets. **Currency rates** may fluctuate significantly over short periods of time and may reduce the returns of a portfolio. **Sovereign securities** are generally backed by the issuing government. Obligations of U.S. government agencies and authorities are supported by varying degrees, but are generally not backed by the full faith of the U.S. government. Portfolios that invest in such securities are not guaranteed and will fluctuate in value. **Inflation-linked bonds (ILBs)** issued by a government are fixed income securities whose principal value is periodically adjusted according to the rate of inflation; ILBs decline in value when real interest rates rise. **Treasury Inflation-Protected Securities (TIPS)** are ILBs issued by the U.S. government. **Commodities** contain heightened risk, including market, political, regulatory and natural conditions, and may not be suitable for all investors. **REITs** are subject to risk, such as poor performance by the manager, adverse changes to tax laws or failure to qualify for tax-free pass-through of income. **Mortgage- and asset-backed securities** may be sensitive to changes in interest rates, subject to early repayment risk, and while generally supported by a government, government-agency or private guarantor, there is no assurance that the guarantor will meet its obligations. **High yield, lower-rated securities** involve greater risk than higher-rated securities; portfolios that invest in them may be subject to greater levels of credit and liquidity risk than portfolios that do not. There is no guarantee that these investment strategies will work under all market conditions or are suitable for all investors and each investor should evaluate their ability to invest long-term, especially during periods of downturn in the market. Investors should consult their investment professional prior to making an investment decision.

Alpha is a measure of performance on a risk-adjusted basis calculated by comparing the volatility (price risk) of a portfolio vs. its risk-adjusted performance to a benchmark index; the return variance relative to the benchmark is alpha. Alpha can be positive or negative. **Beta** is a measure of price sensitivity to market movements. Market beta is 1. **Correlation** is a statistical measure of how two securities move in relation to each other. **Smart beta** refers to a benchmark designed to deliver a better risk and return trade-off than conventional market cap weighted indices.

The **MSCI EMU (European Economic and Monetary Union) Index** is a free float-adjusted market capitalization weighted index that is designed to measure the equity market performance of countries within EMU. The MSCI EMU Index consists of the following 11 developed market country indices: Austria, Belgium, Finland, France, Germany, Greece, Ireland, Italy, the Netherlands, Portugal, and Spain. The **Morgan Stanley Capital International ("MSCI") U.S.** Index is a market capitalization weighted index composed of approximately 325 issues, and is generally representative of the market structure of the United States. The index is calculated separately, without dividends, with gross dividends reinvested and estimated tax withheld, and with gross dividends reinvested, in both U.S. Dollars and local currency. It is not possible to invest directly in an unmanaged index.

这只是一个案例。在实践中，有的 House View/Outlook 比这个版本要厚得多，也有的要薄得多。有的报告正确率较高，有的分析却总是不太靠谱（其实没关系，哪怕 GS 在 2016 年初提出的几大交易观点和投资策略，多数都已提前废止）。但不论厚薄、对错，它至少能起到如下一些作用：

（1）让客户了解，机构是如何分析目前情势，做出判断，并给出投资观点与具体策略的。

（2）让客户理解，机构为他们提供的产品及服务解决方案是有根据和逻辑的；如果客户需要讨论和沟通，也是有讨论的基础和依据的。

(3) 让员工了解，公司为什么在当时当下提供如下的解决方案工具、产品和资源，从而更好地为客户服务和解释，也更好地完成自己的任务与职责。

(4) 让员工明白，在一切与客户、合作伙伴、相关人士谈及公司策略、观点和产品解决方案的场景下，有且仅有 House View/Outlook 里的内容是可以说、需要说和有价值说的。而不是每一个人都去扮演经济学家和行业分析师。

(5) 保持一家金融服务机构最基本、最基础的专业追求和品牌形象。

一部知名国产动画片的男一号经常跟男二号说：熊，就要有个熊样。中国的财富管理行业，虽然发展迅猛、方兴未艾，但也已经走过了草莽英雄都能称霸、遍地开花都能结果的时代。资产配置是财富管理公司的业务未来，而这个未来需要严肃认真的研究能力、产品管理能力和科技能力，三者有机结合，缺一不可。House View 自然只是一个小切口，但却有大意味。

中国财富管理行业如何收官 2016？

2016—10—26

2016 年的最后一个季度已经过去了一个月。没有更大惊喜的话，2016 年关于中国财富管理行业的一些大事便可做一下梳理。

一、谎言与闹剧还有，不过确实少了

相比 2015 年的血雨腥风、哀鸿遍野，2016 年比较抢眼的事件，快鹿打头，借贷宝收尾，中间穿插着“望洲”老板进藏玩失踪和“人人投”高管炫耀智商套利。总体来看，没有太大新意，更没有啥意外。该是骗纸的，还是骗纸；一看就是忽悠的，就是忽悠。连套路都没有创新，无法出当年 e 租宝之右，媒体也懒得有太多关注。

二、股权投资引领上半年的火爆，而国内外保险掀起更高的热潮

资本市场开年的管控昏招和全年一以贯之的疲沓，将上半年投资理财市场的爆点引向了一级市场股权投资。TMT、医疗、环保能源，依然是主要的投资热点领域。FOF（母基金）成为几百万级别财富量级的散户参与股权投资的普遍模式。但随着下半年房地产市场的突起，

私募股权融资势头快速回落，大批资金夹着杠杆涌入房市，倒逼刚刚兴起的母基金大势不得不在年底时重回项目融资或单只基金融资的权宜之计。LP 的组成上，国资林立，民资不足，是很多人民币 GP 普遍面临的问题。

相对应的，随着不出意料的人民币走势和国内关于房产税、遗产税等政策态势的明朗化，国内保险和香港保险业务，成为极热话题。从保险公司，到商业银行的零售业务，再到三方财富机构，保险业务量和利润贡献乘势猛增。理财顾问单单因保险业务就年薪百万，已不再是行业新闻。

三、行业火爆，监管收紧，玩家升级

财富管理这个数十万亿的市场火爆异常，这还是在房产热暂未退潮的情势下。一旦房产市场转入温火、去火阶段，释放出来的资金将在避险情绪和抗通胀刚需的驱动下，快速涌入各式各样的理财产品和投资项目，而能够承接如此大量资金涌入的盘子，主要是：资本市场和保险产品。一级市场由于周期长、不确定性强、流动性弱，很难快速吸收从房产热中撤下的资金之水。固定收益类产品，一方面随着企业和政府去杠杆大势不变，另一方面整体看优质信贷资产的供应量下降、收益率下滑，非标债务作为底层资产的产品供应面临着收益率降低和供应量下降的双重压力。整体看，固收领域，不论是银行理财、还是 P2P，难以恢复到 2012 年至 2014 年的火热状态。因此，蓄力资本市场的投资能力建设，紧跟保险业务的新一轮上涨，提高综合服务体验，是我们提给财富管理机构的 2016 年的收官建议。

但有趣的是，监管方面似乎并不希望鼎力这个行业的蓬勃生机。基金代销牌照基本停发，二手市场的报价已超过2700万一张，单靠代销基金，就想挣回来这张牌照钱，压力山大。私募基金管理人登记也变得更加细分和复杂，一方面是清理，另一方面则是新申请者面临更长的申请周期。在实践中，登记类别细化，机构需要一张、一张去申请，先拿证券、还是先拿股权，都成为申请者必须提前设计好的路径。保险代理牌照，原本是一张简约和功能单一的资质，目前却难以在半年内新申请获得；其二手市场价格已逾500万元，这对想要从事该行业且愿意坚持合法合规的玩家来说，基本难以承受。下半年，原本企图火爆一把的智能投顾（RA），却因为一条要求他们必须拥有基金代销牌照才能 to C 卖基金（ETF/QDII）的规定，而直接被 KO 倒地。不论是发力海外 ETF 的项目，还是具有 QDII 策略能力的机构，面对收紧的监管和提高的准入门槛，一口血吐完，只得老老实实进入了只赚吆喝不赚钱的 to B 技术或算法输出模式。在一个规模有限的微利市场里，做 to B 的生意，这是要逼死机器人的节奏，管你智能不智能。

因此，一方面是市场需求增长不断，另一方面是监管条件越来越严，从而形成了造福老机构、大机构、老模式，抑制新机构、小机构、新模式的行业竞争态势。当然，这也是监管审慎、投资者充分保护和市场充分规范的需要；但客观上，留给了老玩家、大玩家们充分的时间和机会，去尽快升级换代。部落就集结在暴风城外。务必抓紧，勿贪图目前的安逸保护。新模式和新机构，生命力之顽强，不可限量。

四、资产配置与全球布局，投资者开启理财实践的新范式

惊喜和新意虽然不多，但不少机构和投资者已经开始回归投资理财的基本原则。行业的领先企业大谈资产配置，客户们初步理解了资产

配置的实践要诀。著名的耶鲁大学捐赠基金首席投资官 David Swensen 在 *Unconventional Success：A Fundamental Approach to Personal Investment* 里提到的个人理财三条原则：the importance of equity ownership（投资权益类资产）, the efficacy of portfolio diversification（坚持多元分散）, and the significance of tax sensitivity（考虑税收安排），已经不仅是故事书，而是中国很多客户的投资行为和实践。我们看到个别机构和一批高净值投资人，开始成熟地思考长期投资策略，全盘安排资产组合，甚至愿意因此放弃个别窗口的投机机会。

针对全球布局而言，随着贝莱德资产管理规模突破 5 万亿美元和嘉信、Vanguard、Fidelity 等机构业务量的猛增，被动投资趋势更加明显，甚至成为大众理财的主流选择。ETF 及嫁接其上的智能投顾模式的实践普及，成为最大的 AUM 蓄水池。中国人除了参与海外保险，如何参与海外成熟且足量的资本市场产品供应、ETF 选择、量化投资与智能投顾服务，已不遥远，2017 就会到来。人民币换汇确实对于普通投资人来说，是个麻烦，但也只是个麻烦。一个不断开放的经济体、一个 SDR 的组成部分、一个争取加入 MSCI 的市场，指望通过限制公民理财刚需的方法保护一国之汇率，效果如何，大家也都看到了。

收官 2016，绸缪 2017，我们其实没有太多的新主意或者新方法。想起《金融简史》的作者，彼得·伯恩斯坦曾经为查尔斯·马凯的书写的一段序言："很明显，现代市场行为的绝大部分特征，均和 17 世纪的市场行为相同。投机者依旧在投机，而对风险采取回避态度的人依旧在套期保值。不过，在今天的市场和 17 世纪的市场中，之所以存在那些让人触目惊心的相同之处，并不只是投资者的行为，甚至连交易工具和结算机制，随着时间的变化也不曾发生任何改变。"对于行业里的机构老板和理财顾问而言，能不能真的下决心去做那件该做的事，才是关键。那什么是该做的事？资产配置，以及为了做好资产配置，所需要具备的科技与人的能力。

你不是在学习 Blackrock，也无须崇拜 Wealthfront，更不用去抄 Charles Schwab。怎么才能比你的对手和新入竞争者，更好地服务好你的客户？可惜的是，我们看到很多机构，其行动之慢，慢过时间。

财富管理公司的招聘管理 ①

2016—08—10

中国财富管理公司的人才发展工作，有三个基本思考等式。虽然不是完全准确，但却有极其现实的指导意义。

招聘 ＝ 获客

Recruiting contributes to NTC as a KEY role.

才赋 ＝ 财富

Enlarge AUM by Empowering People.

培训 ＝ 管理

Training is Management.

一、招聘的意义

正如上述第一个等式，招聘在很大程度上直接决定了获客（NTC）的能力和效率。而新增客户数（NTC）的重要意义，不言而喻。

中国财富管理业务所面对的客户市场，高于互联网理财和普通银行理财，低于海外私行业务或国内个别领先财富管理机构推出的私人理财业务，大多数客户的平均可投资资产在 150 万到 1500 万人民币之间，单笔投资在 50 万到 300 万人民币之间。面对这样一个目标市场，理财顾问的个人关系资源和专业水准，是客户选择新公司、新平台或新产品的决定因素。有人认为公司或平台才是获新客的关键。那首先是因为他可能没有在这个行业一线工作过；其次，是因为那个阶段还没有到来，虽然可能会到来。

笔者的研究和经验观察，现阶段大多数财富管理公司 50% 以上的 NTC 是通过员工个人关系资源，尤其新员工加入后的新增关系资源带来的。NTC 来源排名第二的，往往是“客户推荐客户（MGM）”。而 MGM 的根源，又很大程度上可追溯到招聘的质量和模式。

再者，目前财富管理行业是一个人才流动性很大的行业（mobility of talent），人才流动呈现很强的群体流动特征。一个地区老总或分公司老总的加入，会先后带来其手下十几个甚至几十个具有客户资源的理财顾问加入，进而是理财客户的客户资源，其客户可迁移率明显高于中国其他服务行业。因此，相比其他获新客的模式（市场、品牌、增值服务等），招聘成为业务搭建和扩张最基础和最快速的工作模块。

两个场景区别说明一下。

互联网理财不是财富管理，而是某些结构相对简单、风险相对较低的金融产品的在线销售业务，当然这是一个极为广阔的市场。

传统银行的零售金融服务不是财富管理。一个储户，在银行有 200 万活期存款、50 万 1 年期定存和 20 万的保本理财产品，这种场景不属于今天讨论的财富管理业务范畴。至于什么是财富管理，属于从业者常识。

三个惯有误区说明一下。

误区一：“大牌公司已经足够牛，所以可以直接吸引 NTC，不需要通过招聘和培养理财顾问。”

中国规模领先的本土财富管理公司，CE、NA、HT、JP 等（恕不详列），至今为止其实也没有能够突破这个基本规律。某上市财富管理公司的活跃客户数量经过十多年积累，依然无法超过 1 万人，增长速度明显落后其主要竞争对手。笔者认为，这与该公司长期不重视一线理财顾问的招聘和团队扩张有直接关系。在中国积极开展零售金融服务的花旗、渣打、汇丰、星展等外资银行，非常重视人才招聘工作。只是面对国内本土竞争对手的持续挖角，近三年来，处于相对被动的防御阶段。但这足以佐证，为什么这些理财顾问（不乏不少顶尖理财顾问和管理者）会选择离开百年历史的国际大牌银行，加入中国本土机构；为什么中国本土机构的业务能够飞速发展。因为在今天中国的零售金融服务市场，牌子大不等于引力强。

误区二：“什么人都可以做理财顾问，所以招聘没有难度。简历百里挑一，坐等上门。”

一言不合就推文。中国不缺人，不等于不缺人才。推荐阅读公众号“牛邦 Ker”的两篇短文章“中国还缺多少个专业的理财顾问”和“拿什么拯救你，中国的理财客户？（二 • 下）”。

误区三：“不用提前招募优秀的理财顾问，太贵，麻烦。等业务和客户的层次提高了，我们再挖。”

这是一个彻底本末倒置的误判。分享笔者一句话：不是客户决定了理财顾问的标准，而是理财顾问的标准决定了客户的层次。你所招募和培养的理财顾问的层次和潜能，决定了你能够获得的客户价值和成长性。今天已经如此，未来更加如是。

二、招聘工作的基本框架

【认清优先级】

招聘工作，寻找和吸引人才，不仅是招聘经理的工作，也不仅是HRD或VP的工作，而首先是CEO的工作。在以人为最重要资产的财富管理行业，更加明显。一把手超过一半的工作时间，需要花在寻找和面试优秀人才身上。

一个典型案例：

一名管理者喜欢花一天到晚、甚至更长的时间，陪同某一客户聊天、吃饭、打球、旅游，谈投资项目，显得自己时间特别充裕。有时候，可能一次不行，还得两次、三次、甚至五次，每次至少半天、多则一天。最后，终于和客户达成合作，签单1000万。

另外，把寻找优秀的候选人交给一个永远没有见过的猎头顾问和一个入行不超过1年的招聘主管。面试时，自己各种忙，30分钟不到就随便打发，草草给了录用结论。当然，见客户时每次都是咖啡、红酒、小礼物各种礼节安排；而见候选人时，会给候选人倒杯水的面试官已算稀少。

简单的数学题：

假设刚才获取的是一个可投资资产1000万美元的客户，他非常相信公司和顾问，以至于把自己30%的资金都在一年之内交给公司打理。那么这个客户的FNG贡献为2000万人民币每年。而假设你用同样的时间，获取了一个能够服务千万美元级客户的优秀理财顾问，他的平均月FNG基本在500万人民币以上，那么这个理财顾问对公司的FNG贡献为6000万人民币每年。这还仅是直接贡献的对比，没有比较对公司

FNG 的中长期和衍生贡献。

这样的分析不仅适用于理财顾问团队的搭建和管理，同样也适用于资产管理团队、产品团队、运营团队、客户服务团队和技术团队。对于管理者而言，没有什么事比寻找和获取优秀人才更优先。

【打开方式要正确】

错误的打开方式：海量下载简历——筛选 500 份简历——电话接通 100 个通知面试——到场 30 个参加面试——10 个参加复试——发出 3 个 offer——最后 1 个入职。

正确的打开方式：人才地图建立——精准锁定目标人选——设计个性化人才获取方案——非见面的深度交流——见面深度交流——个性化的 offer 设计——KDO（Keep the Door Open, always）

财富管理行业不是人做的，是人才做的。人多不一定力量大，相反，人杂一定会出事。

错误的打开方式，是工业时代招聘劳动力的基础模式；是在传统经济形态和公司治理模式下，组织目空一切、趾高气扬，视面试者为蓬蒿、居面试官为上帝的官本位、垄断化思维。招聘漏斗所体现的基本逻辑，是对人才个性化特征和关键能力的视而不见；而从数百个简历中，耗时耗力，费尽心机，最后仅有个位数求职者入职，看起来营造了筛选严格、入职宝贵的自我满足感，但其实是对组织招聘资源和人力资源部门及公司高级管理者宝贵时间的极大浪费。

人才在人群中的分布是不均匀的。从人群中寻找到人才，不是随机游走，其击中人才的概率也不符合正态分布。因此，简单地放大分母，并不等于能够获得目标分子。相反，在实际操作中，分母大带来的问题，是使得组织因为招聘资源的整体限制，不得不降低对每一个分子的资源和时间投入，而导致优质分子被忽略而主动提前离场，劣质分子因逆向选择却留到最后的错误结局。组织需要的是优质分子，而不是分子除以分母的比率。

财富管理公司的招聘管理 ②

2016—08—16

接着上一篇谈到财富管理业务中【招聘的打开方式】。

错误的打开方式：海量下载简历——筛选500份简历——电话接通100个通知面试——到场25个参加面试——10个参加复试——发出3个offer——最后1个入职。

正确的打开方式：候选人才地图的建立——精准锁定目标人选——设计个性化人才获取方案——非见面的深度交流——见面深度交流——个性化的offer设计——KDO (Keep the Door Open, always)

错误的上篇已经批判过。这篇从正确的说起，先说候选人才地图的建立。

优秀人才和高端客户一样，他们不是均匀分布在人群中的sample。对于有行业经验和积累的管理者来说，优秀的候选人是清晰、具体和精准的存在。换句话说，你要找谁，你需要谁，大多数情况下，你早已知道答案。或者，你至少知道了一个明确的范围。

在做猎头的圈子里，大家把这项工作叫做 Mapping。听起来似乎很炫很玄的样纸，但说直白一点，其实就是两个字：情报，即，gathering、processing、analyzing information about potential talents。搜集、处理、分析关于候选人才的全面信息。

稍微受过专业训练的人都知道，管理者要 mapping 候选人。但大多数人的做法，是制作一个名单表格，上面有候选人的名字、联系方式、现工作职位、过往工作经历，可能还有一点之前做过的 background check 材料。OK，如果管理者或者招聘主管能够做到这点，那就算及格了。至少能知道，都有哪些人可以获取。但要真的做好 mapping，还有两个要点须把握：

一、mapping 需要 inside out 和 outside in

组织不是一个一个的人，而是人与人的结合。新人加进来，老人离开去，不是玩乐高积木，而是一个有温度、有情感、会疼痛的机体新长了一块肉，或切掉了一块肉，哪是那么轻松随意？！在 mapping 候选人资源时，必须时时刻刻把目前组织内部的人才 mapping 也放在手边，脑子里充分的模拟和分析：这张外部的 mapping 和这张内部的 mapping，怎么能结合在一起，才是一张最合适、最有竞争力的 mapping。

所谓 inside out，是指通过内部的 mapping，知道在不同的位置，都存在什么具体的能力空缺或职位空缺，然后快速对接到外部 mapping 的几个目标或一个群体上；而所谓 outside in，是指在外部获得了优质的、让人眼前一亮的候选人，需要尽快根据内部 mapping 的最新情况，思考这样优质的候选人，如何以最合适的方式嵌入到目前的能力空缺或位置空缺里。作为一把手或人才管理的负责人，脑海中最重要的一张图：people ；而脑海里最应该经常拿出来沙盘模拟的，也是这张图：people。

没有做 inside out 和 outside in 的 mapping 和人才招募，很容易脱离实际需要，脱离业务需要，带来不必要的冲突和矛盾。由此导致新人入职之后，和现有业务与人才无法快速契合，组织内形成了被迫的“新陈代谢”——只要有新人入职，就一定伴随着老人离开。最后，变成一家消费人才，而不是开发人才的公司。这对于以人为核心资产的资产管理、财富管理业务而言，是严重的问题。

当然，很多管理者的痛苦在于，根本填不出来外部的 mapping。原因：没资源。懂的哈，别急。在本系列第三篇里，会详细叙述理财顾问候选人资源开发的技术：点到点·点到面·面到点。这是个专门的话题。

二、mapping 的重要指标：斜率 growth potential（GP）

玩儿过冠军足球经理吗？这是一款展现形态极为无趣的游戏——只有资讯、表格和数据，但却是一款游戏性无与伦比的游戏。它最大的魅力不在于获胜，而在于玩家能够从全世界数以百万计的球员中，发现那个能够成长为妖人的顶级球星。换句话说，如果你引进的队员，是那些有潜能成长为顶级球星的年轻人，他们从 17 岁就开始就一起参加青训，19 岁陆续进入一线队，21 岁到顶级联赛踢球，24 岁打洲际比赛的主力。那么，冠军离你还会远吗？

我们不可能永远只招募现在的 star candidate，原因很简单：你的资源是有限的（你的 headcount 和薪资成本是有限的）。你不可能直接拥有一支强大的球队，除非支付了极高的溢价。况且，这支靠钱砸出来的球队，也未必能够获得冠军。和世界上所有的资产一样，人到了最强之后，就没有更强了。一个只能挖来顶尖人才、而不能培养顶尖人才的团队，是不可能成为顶尖团队的。而一个只会消费人才，却不能开发并留存人才的公司，很快就会成为强弩之末。

成长性，是 mapping 候选人时非常重要的指标。从我的感受而言，是最重要的指标。我喜欢用一个数学概念来表示：斜率。没有任何一个人才评价指标，比斜率这个指标更重要。一个人才，不是一张债券，简单把未来利息的现金流折现回来，就算出他的价值了。一个人才，更像是一只股票，他由基本面的 growth rate、市场面的流动性及供需关系，更显著地决定了 valuation。因此，我们在 mapping 时，必须把斜率放到指标体系中，标上一个从“0”到“+1”之间的数。这个数字，有极强的概括力。

至于，“0”到“+1”之间，具体该怎么判断，是另一个话题：如何评价理财顾问的潜能和内在价值。提供一个非常简单的 GP 函数供参考：

设：

① Present AUM= PA

② Potential Client Pool = PC

③ Personality= Ps

④ Financial Professionalism= Pr

⑤ Growth Potential = GP

•PA 是一个 0~1 的值，可以根据自己公司的业务标准做一个指标；比如：完全无客户是 0，在最近一份工作有 1 个亿的 AUM，可记做 1。

•PC 是一个 0~1 的值，需要结合公司业务标准和市场定位做一个指标体系；比如：你可以把候选人可以直接认识的 300 万以上 investable 的客户人数和 1000 万以上 investable 的客户人数，作为参考值计算 PC。

•Ps 是 0~1 的值，但这个就不能靠自己判断了。必须借鉴一些国际水准的人才测评工具和体系。这不是开玩笑的，相信人家实证了 50 年以上的工具比相信你自己的偏见要合理得多，更何况，你的偏见是不可复制和难以量化的。同时，这些工具和体系必须充分内化，和自己公司的实际人才表现 6 个月以上 track record，做回归分析，得出 1~2 种 top performer 的典型 profile，记做 1 ；得出 1~2 种 low performer 的典型 profile，记做 0；然后其他几种分别给出 0.25/0.5/0.75 的值。

•Pr 是 0~1 的值，就是可验证的学历和学习培训经历，面对中国目前财富管理业务发展，个人标准供参考：

top graduate + overseas working experience (owe)=1

top graduate + top domestic experience (tde), or decent school + owe = 0.9

decent school + tde = 0.7

fresh top graduate = 0.5

no decent diploma + tde = 0.3

fresh and no decent diploma = 0

至于如何判断 top，什么叫 decent，都有相对公开和公信力的排名，很多东西也需要对教育培训和目前行业的 inside 知识有掌握，就能判断。暂不赘述。

GP= (PA * X% + PC * Y% + Pr * Z%) * Ps

其中：x+ y + z =100

例：

一个美国前 30 金融系毕业的硕士，在美国一线金融机构从事理财顾问 3 年，在海外有数百名平均 AUM 30 万美元以上的客户资源（其中包括上百名华人留学生富裕家庭的客户），刚回国工作，仅有不到 10 名国内潜在高净值客户资源，profile ：HBLC（听不懂的略过）。

在我的思考函数下，TA 的 GP=(1*30% + 0.3*40% + 1*30%) * 1 = 0.72。如果 TA 的直线管理者和团队给予足够的支持和辅导，很大概率 TA 是一条快速上扬的曲线。

理解 GP 计算，三个关键点：

（1）Ps 是最重要的值，影响其他一切值的发挥；

（2）x/y/z 的赋值，取决于管理者判断，不同阶段的组织，应该给自己的 GP 函数设置不同的 xyz 比例；

（3）值的绝对值高低，最初并不重要（因为这和你的参数设计和赋值方法有关），但值的排序能够让你对 mapping 中的候选人资源，做一个更加清晰的成长性判断，从而指导 FA 招募的计划、策略以及相应的岗位和薪资 offer。

当然，有没有不做 mapping 就放开了招人的财富管理公司或团队，有，两类：

第一类：只是“招”简单产品的销售人员，而不是“找”理财顾问。

第二类：“消费”人才的公司，而不是“开发”人才的公司。

可不可以？可以！钱是你的、公司是你的，随便花、随便造。没啥不可以。

财富管理公司的招聘管理 ③

2016—08—31

为了验证一些观点和判断，我前后聊了几位财富管理公司的老总、资深的 in-house HR 和猎头顾问。大家都在讲，候选人不好找，不好请。自己的公司特别棒，却吸引不了青年才俊和资深人士。说句实在话，就好像销售找不来客户，绝对不是客户和市场的问题，而是销售的问题。猎头或者 HR 部门招不来合适的、优秀的人，也绝对不是候选人的问题，而是招聘端的问题。甚至很大程度上，I have to say，是各层级一把手和 HR 负责人的问题。

几个要点提示一下：

一、销售导向（Sales—Oriented）

重复一下本系列开篇文章的等式（财富管理公司的招聘管理①）：招聘 = 获客。

那么，你的公司，是按照职能端模式管理招聘团队，还是按照销售端模式管理招聘团队呢?

什么叫职能端模式？基本特征三个：

（1）收入固定

按月领取固定工资，干得好了有个可爱多吃，干的一般也不会掉块肉。

（2）考核程序指标

考核打卡是否准点，打了多少个Call，见了多少个人，约了多少个面试，加了多少天班。

（3）任务被动化

有人投简历了，俺约一下；有人推荐候选人了，俺约一下；老板要见个牛人，俺帮着约一下。

什么叫销售端模式？基本特征也是三个：

（1）收入浮动

每月除了固定工资，有明确的激励方案，好的招聘能够挣到公司理财顾问的平均薪水。

（2）考核结果指标

不要混淆管理工具和考核指标。考核招聘最重要考核一点：你招的人为公司创造了多少业绩。

（3）任务主动化

招聘要参与业务设计、团队安排、市场打法，然后主动定计划，获取资源，推动业务实现。

具体来说，公司需要有针对招聘环节和招聘岗位的SOP；需要把招聘数据与业务数据做良好的整合与相关分析；需要把招聘团队完全浸没在销售和业务团队中，一起摸爬滚打；需要HR的Leader使用更加鸡血的文化营造。

总之一句话，sales-oriented，要求销售人员和招聘人员站在一起时，有种“双兔傍地走，安能辨我是雄雌”的效果。

二、工具建设（Tools）

大多数人，并不是说服高手。尤其，当你对面的那个人，比你资深、比你有经验，还处于防备心理的状态下。太多财富管理公司，没有任何拿得出手的体系化招聘工具。加上一两个工作经验不足3年的、从来没有接触过 wealth management 或者 retail financial service 的 recruiter，怎么可能快速挖来人，更不要说挖来好的高级管理者。

招聘工具的构建，三个点：CPB

（1）complete company information

公司所有的重要信息，合适披露的，值得展现的，全面整理好，并结构化编辑和更新。

（2）people & culture

核心高管、团队精英、候选人入职后的主要上级管理者，需要个性化且高度职业化的展现。

（3）best interface

麻烦把公司介绍的 PPT 或者手册，好好设计设计。每次见到某些招聘或猎头在发公司介绍时，竟然用毫无设计感的 word 或者 PPT。我就在想，亲，你以为你是在招公务员吗？

一个连招聘时给候选人展示自己公司和团队的工具或材料，都不愿意好好做的公司，怎么吸引优质候选人加入？尤其在今天，这是属于90后、二次元和区块链的时代，丑，就意味着差。

三、理解业务（Understanding of Business）

拉姆•查兰有篇文章，即“分拆人力资源部”。紧接着，《哈佛商业评论》又发了一篇 Michigan Ross 戴维•尤里奇教授的文章，叫“不要分拆人力资源部”。两学者怎么撕的不重要，但有一点很关键：在今天的商业实践和业务创新要求下，HR 不能只是 function expert，而必须同时也是 business expert。

不懂 Business 的招聘，往往有三个缺陷：

（1）不知道谁是好的候选人。挖错人，常有出现。

（2）不知道如何说服候选人加入。不仅浪费时间，而且做 low 了自己的公司。

（3）不知道如何在候选人入职时，给予充分的 orientation 及合理的团队和业务辅导。于是，候选人跟带鱼一样，见不得光。

这三点，对于公司和团队，是致命伤。不要指望直线经理去完成这三个职责，因为如果 HR 或者猎头做不到，你压根就遇不上好的候选人。

如何做到理解业务，并不困难，四点：

•TRAIN your hunters/recruiters as SERIOUSLY as you train your business people.

•REQUIRE your recruiters to take/pass exams that your business people MUST take.

•HAVE your recruiters attend your business meetings and discussions, REGULARLY.

•HIRE an HR who is really INTERESTED in your business. Or else, try another guy.

四、合理流程（Proper Process）

合理的邀约和面试流程非常关键。比如，如何邀约面试，电话、邮件、Linkedin 站内信、抑或登门拜访？面试需要有几轮，1 次搞定、还是层层筛选？每轮需要有多久，2 个小时、还是半个小时？HR、猎头以及直线经理在面试的不同阶段和环节的分工如何？这都是需要精细设计和具体问题具体分析的事情。

我们给两个建议：

（1）Senior Candidate, Senior Interviewer FIRST.

越是资深和高级的候选人，越需要高级别管理者直接面试。当然，这个高级管理者得具备 hold 住对方的能力。或者换个角度说，如果这位管理者在面试时都 hold 不住候选人，那怎么指望他能够在工作中 hold 住这位同事。

提示：hold 住不是压住、盖住、罩住、震住的意思。亲，你以为你是在招公务员吗？

（2）High Slope Candidate, Senior Interviewer LAST

遇上高斜率的候选人（高斜率的定义请参照财富管理公司的招聘管理②），在基本确定 offer 之后，可安排公司高级管理者做终面，来宣布这个消息，并作 career path talk，能够显著提高 offer 的接受概率。

尊重人才，是一家企业基业长青的根本。对于优秀的管理者和 Leader 来说，管理从招聘开始，尤其是激励。

当一个年轻人把他的职业生涯黄金年华都许给了你的组织，你有什么理由不安排一个高管、甚至就是你自己，在这个最恰当的时机，跟他做一次交心的对话呢？而且，为了留下这个高斜率的人才，避免他入职之后，因短期的不适应或文化冲突，而产生离开或不愿坚持的念想，你有必要安排一个没有直接利益冲突的资深人士，形成 Peer to Peer 的认识。关键时候，master 一个点拨、一把支持、一句鼓励，就为公司留下了未来的 Jack Welch。

五、要投入（Input）

这里不说虚话。要做好财富管理行业的招聘，尤其在目前快速发展的市场环境中，必须抢夺人才高地，毫无疑问的。请投入资源：时间和钱。TIME + MONEY，Indispensable。

如下场景，大家不用对号入座：

不愿意花哪怕一两万的底薪，找有行业背景的招聘经理；同时也不愿意找猎头。然后这边，空着 10 个大区总和 2 个产品总监的位置，业务为 0。

不愿意按照 25% 给猎头费；或者，人到位了，千方百计找借口，最后不给猎头尾款。

从不花钱或咨询专业团队，好好设计一下自己公司的雇主形象体系、招聘手册、招聘工具，只是让前台同事，把公司介绍打一张 A4 纸，有候选人来了，拿给他看看。

我也是醉了。一个优秀招聘一个月的人员成本，只需要 1 个优秀理财顾问 1 单业务就挣回来了。而一个优秀的招聘，一年能够给公司贡献 30 个以上的优秀理财顾问。

一个猎头收了 25% 的猎头费，哪怕再加上请一个咨询公司或数据平台公司，支付 10 万块钱的优质工具和数据费用，大不了也就一共 30 万。但一个好的大区总、产品经理、风控经理，能够给公司带来百万千万计的利润，和一年少说几十个亿的 AUM。这个账都算不清，还怎么做生意？

人才不是M2，印不出来。竞争是敌进我退，如果这点投入都不肯的公司，没法做大。

六、伟大梦想（Dream）

最后这点，看似虚，其实不然。在今天，面对高素质、好背景的80后、90后人才，Why比What和How重要。人们为什么选择加入你，为什么愿意与你风雨兼程？尤其在财富管理这个入行门槛较高的行业里，我们想要招募的很多优秀理财顾问、新锐管理者、青年才俊们，人家为什么在家里一不缺钱、二不缺房的情况下，加入你，而不是其他公司，为什么选择把自己的人脉资源和智力精力投入到你的公司？用星爷的话说：给我一个理由先。

梦想，对大多数人来说，很虚，但不是因为梦想虚，而是因为人虚。在任何一个行业里，都有一些能够把自己梦想想清楚，讲清楚，还干出来个样子的人。吸引力法则，在哪都一样。

这就是财富管理行业人才获取执行面的STUPID原则，供同路者参考。

Sales-Oriented

Tools

Understanding of Businesses

Proper Process

Input

Dream

财富管理的肾结石

2016—12—02

说有一种病能够让男人体验到女人生产时的疼痛，那就是肾结石。加上这两天的这次，已是我人生第二次多么痛地领悟了。真的很疼。病痛期间，我却正好出差，为国内一个顶级券商的干部培训班授课，讲科技金融的实践案例。原本两个半小时的研究 PPT，被我讲出快三个半小时。因为这颗小作 4.5 毫米的碳酸钙，直接将我的语速降低了 30%。疼痛，即使从病理上并不严重，但却影响着人身体的一切机能发挥，尤其大脑。

肾结石的另一个特点，是发病几乎没有任何征兆，但一旦发病，基本没有什么药可立竿见影的治疗。民间传说的多喝水、多喝泡金钱草的水、使劲儿跳绳、甚或倒立，负责任地讲，我都试过，却没有一个可以缓解痛苦，反倒可能加剧疼痛感。医生见到肾结石的急诊病人，成惯例地开出 2 针哌替啶、数颗止疼片。病人大抵并不知道，哌替啶就给打两针，打多了貌似犯法。而那个止疼片呢？会导致严重的便秘，我是说严重的。

那天凌晨，我趴在急诊医生大桌子对面的圆凳上抽搐，医生淡定地给我写开药的单子："给你开三天输液的针水和一盒止疼片，自己排石。"我问道，止疼片一盒有多少颗，不能多吃吗，能多开一些？他的回答特别有哲理："止疼片只有 10 颗，但每天只能吃不超过 3 颗。如果止疼片吃完了，石头却还没有排出来，你就自己扛着疼"。我当时心想，word 神，这个医生是干 VC 出生的吧。

和身体一样，很多机构的急病却也是慢得的。而这个慢慢得病的过程，是一个或一些恶习长期逐渐累积的过程。刚好，近期在财富管理行业发生的一两个事件，看起来是个别机构一个不小心突然发生的负面事件，被某些不听话的媒体放大传播，引起了从投资人到行业从业者的关注，严重损坏了机构的品牌或雇主形象。但仔细想下，这些事情，却都是机构长期以来形成的一种"习惯"。讽刺的是，这些习惯习以为常的程度之高、范围之广、时间之长，甚至已不以错为错、不以非为非，被管理者视作正确和应当，还"据理力争"，维护这种"习惯"存在的价值感和所谓文化认同。但在我看来，疼了还不总结经验、改变习惯，只是认为这种疼痛是偶然和短暂的，是外界曲解或强以附加的，吃片药，忍忍就过去了。那么，下一个疼就会来得更早、更狠、更疼。我从出生到第一颗肾结石等了 28 年，而这第二颗肾结石却仅在 7 年后就登场了。不改变习惯，疼痛就将成为我们生活中经常发生的事情，于是从急病变成大病，从吃止痛药能扛，到吃什么药都扛不住。

简单总结财富管理机构的一些导致肾结石的习惯，有这么几种，大家可以补充。

（1）以营销成功为第一业绩指标，而不是长期深入做各细分领域的风控体系建设，培养自己的风险管理人才。

机构习惯于炫耀销售规模和募资能力，投入大量的人财物做营销推广和各种炫耀式的大型活动，却鲜有花钱对各个所售产品的细分投资领域，做自己独立的风险管理体系。相比每年花在各种所谓高大上营销推广上的费用支出，安排给自己核心骨干员工的风险管理和专业培养的费用，九牛一毛，甚至分文不有。其实，很多产品，今天卖得越多，明天疼得越惨。

（2）长期、高度依赖招人和刷新人的资源作为业绩来源，而不投入探索新的获客方式，武装员工。

机构发现招聘是最好的获客方式——虽然这确实是现阶段最有效的方法之一，但却紧着一只羊薅毛。薅完一只，就踢走一只，再新圈一只进来使劲儿薅。说得好听叫大浪淘沙，说得直白一点，这种营销模式短期奏效，长期却是饮鸩止渴，容易引起现存优秀员工的反感，激发离职潮；同时，也向市场持续传递不佳的雇主口碑，吓跑那些真正掌握资源的员工加入，因为害怕进入被薅光。

相反，致力于长远发展的机构，应在渠道开拓、营销工具、获客技术方面，为员工提供有效武器和手段，让理财顾问能够通过公司提供的资源和工具不断扩大属于自己的客户池子和业绩空间，让员工有安全感。短期看，公司似乎让渡了自己所谓的控制力，投入了较高的成本；但长期看，这正是一个财富管理机构形成吸引力的本源所在。

一家公司的人才实力，不是由控制力决定的，而是由吸引力决定的。

（3）“搞公关”和“铲稿子”的能力过强，应对客户投诉和员工异议的处理方式却弱爆。

做到一定规模的财富管理机构，都有面对媒体的部门，铲稿子的实力都很强，老板也很在乎。互联网暴力时代，这无可厚非。但当这种能力过强，长期做到“是负面稿子就立马铲绝”的时候，就会逐渐给公司管理者形成一种负面其实不可怕，甚至负面其实不存在的幻觉。这和哌替啶、止疼片是一个道理。

和公关部门处理外部媒体关系时的丝丝入扣、逻辑严密相比，公司处理客户投诉和员工异议的模式却连个基本流程和规范都缺乏。要么随意决策，要么粗暴简单，感觉成为“自己人”后，就可以不用那么在意了。殊不知，大多数情况下，那个第一个反的人、第一个里外勾结给公司出致命一击的人，正是那个你忽视了的投诉客户和被碾成渣的异议员工。

（4）只关注自己卖的产品，对不卖的产品缺乏基本的研究和判断。

卖什么吆喝什么；不卖什么，不仅不吆喝，甚至连看都不带好好看的。这是另一个严重的坏习惯，虽然这种病痛很多机构似乎还没有感受到。实际上，这种病一旦发作，让你感受到的时候，意味着这个机构的生命周期怕也快结束了。

忽略那些自己不会、不懂的东西，这太简单不过了。但往往忽略的，正是抓住周期机会、抢夺市场份额、提升产品能力、布局人才培养的关键信息和资源。比如，1 年前就说 P2P 必须要转型综合财富管理，又有几个转成了呢。还有很多到现在为止还充耳不闻，说所谓静观其变。因为不疼，就以为无病，谬之大矣。

那个干 VC 出生的医生，在我爬出急诊室时，又给我讲了一句让我想了很久的话：“你知道你为什么会疼吗？你疼，是因为肌肉剧烈的痉挛，强烈刺激了神经。所以，止疼其实就是麻痹，让你的大脑反应迟缓。”于是，我并没有吃完给我开的止疼片，而是咬牙挺了两夜几乎没有睡觉。因为通过药物迅速止疼，其实并不能治疗，反而会带来严重的便秘和眩晕，以及更重要的，会导致心理上对疼痛缺乏足够的体验和反思。

职业理解篇

理财顾问是干什么的?

2016—04—30

看起来是个好答案。但其实，这并不是职责，而是认真履行职责之后的结果。并且，只是结果之一。换句话说，认真地履行了理财顾问的基本职责，并不等于一定能够帮助客户挣到钱，尽管这样做能够显著提高客户挣到钱的概率。反过来讲，虽然帮助客户挣到了钱，for a while，但未必说明我们已经认真履行了自己的职责，尽管此时此刻，客户也许已不太关心我们是否尽了责。这一点，还真心令人遗憾。

逻辑绕吗？些许。更明确地说：理财顾问，不应该是一个对结果担保和承诺的工作，而是一个追求程序正义与流程合理的工作。这还真心不是我想为这个人群推卸责任，而是如果我们大家不能正确地认识到这一点，中国的投资理财行业、财富管理市场，永远也成熟和发展不起来。

在过去的一年多里，中国的投资理财行业，一方面蓬勃发展，另一方面哀鸿遍野；一边是欣欣向荣，另一边却不乏藏污纳垢。其中一个非常重要的原因，正是很多的公司、从业者和客户们，都更倾向于把前者，作为自己的追求和目的；而少有人认真思考和履行一个理财顾问或平台真正的基本职责。

于是，人们更喜欢看到的，是收益承诺、本金担保、所谓强大的股东后台、貌似牛叉的政府关系、明星名人走穴站台、豪华的办公装修、铺天盖地的广告营销……一切都指向一种心理暗示：承诺结果，担保风险。一边是喷、吹、卖；另一边是听、high、买。方兴未艾，高潮迭起。

在过去的两周里，我在昆明、上海、北京、厦门等多个城市游走，遇到不少客户咨询：他买的理财产品跑路了或者没法兑付了，该怎么办？反问一句：你买的是什么？答案大多令人哭笑不得。十有八九，客户们除了背出收益率和期限，讲出这家公司多么大牌、老板多有钱之外，基本搞不清他买的到底是什么：底层资产是什么、结构是什么、风险是什么、什么情况会导致收益、什么情况会引发损失、从宏观到中观到微观的影响逻辑是什么、风险管理的机制是什么。在这场不恰当的交易中，买卖双方所交易的，是承诺和暗示承诺的营销仪式。这倒是构成了一副副很热血、很亲密无间的画面：公司大秀它的交易额突破了10亿、100亿、200亿，以此为荣，无他。理财顾问朋友圈里展现她的客户有多么的喜欢她、爱她、关心她，甚至可以糊里糊涂地就打款。每次看到这样的朋友圈分享，我都为自己的保守和颜值低，感到深深的自责。

在真实的投资世界里，承诺，这种交易品其实并不存在。投资理财行业所销售的产品，如果用金融的语境来说，恰恰是风险，而不是承诺。因为带来收益的，不是承诺，而是风险（不确定性）。有点绕？没关系，回头慢慢解释。

OK，沿着刚才的逻辑：首先，为客户挣到钱不是职责，而是履行职责的结果之一；其次，承诺和结果担保是不合适的；最后，我们交易的产品其实是风险。那么好，什么才是理财顾问的基本职责：

(1) 帮助客户研究风险；

(2) 向客户解释风险；

(3) 帮助客户管理风险。

这自然，也应对着三项基本工作：不断的学习与研究；持续且合适的投资者教育；可靠的风险管理和资产管理。

中国还缺多少个专业的理财顾问?

2016—07—24

又一个国外回来的 top graduate 经朋友介绍和我约了喝咖啡，老样子，聊聊国内有什么可以做的。他之前在国外是做理财顾问的，机构挺知名。自己硕士毕业之后，做了 2 年，积累了一些经验。两人对面坐下，我便开门见山地问，“刚回国，有什么打算？”他非常坚定的表情：“还是想做金融。但国内的投资理财行业太饱和了，而且感觉都很 low，到处都是做理财的人。我回国再做这个没啥前途。想换换，您能给我推荐去个知名 VC 工作吗？”我心里默默地念：哥年纪大了，哥不生气。

先不说 VC 是不是谁都能做的，答案显然是“不是！”咱简单说说中国理财行业的人才供给。为了让结论更有说服力，我先做三条比较基本的假设：

假设一：可投资资产 1000 万以下的客户，不用理财顾问来服务。所谓的机器人理财或者互联网理财，就能够全面解决他们所有的问题。

实际上，在中国现阶段，这个假设是不存在的。实践中，由于中国富裕人群中的大多数对金融、投资以及理财相关的法律政策、专业知识和最新信息并不掌握。因此，即使只有百万级别可投资资产的家庭或个人，在现阶段也是需要理财顾问服务的。

假设二：一名理财顾问可以同时保质保量的服务10名高净值客户（可投资资产在1000万人民币以上），包括但不限于为客户提供金融投资的资讯和知识支持，为客户设计资产配置方案，并为客户执行配置，监督效果，适时调整。

其他的工作，可能还包括帮助客户咨询他的企业生意，或家庭其他投资及教育医疗等事务，以及在某些特定场合下陪同客户出席商务或休闲的活动。别忘了，哪怕你只有10个高净值客户，除去理财顾问自己需要的学习培训、产品分析、市场跟踪、合规运营等案头工作，这个顾问每个月分配给每个高净值客户的工作日已不足2天。这个假设，在国内目前的从业者标准来看，已超过了平均值。

假设三：一名理财顾问需要有本科以上专业学习经历，持有相关执业资格，熟悉和掌握资产配置理论，懂英文（标准是能读懂英文的产品介绍和合同），了解和掌握全谱系资产大类和产品的基本投资模式及风险分析方法，比如：各式各样的保险、一级市场投资（PE/VC/FOF）、资本市场投资（共同基金/量化/对冲/MOM/FOF）、地产类投资（实物房产/房地产私募/REITS），甚至还包括家族信托、海外市场、艺术品投资等。这样的理财顾问，能称为进入专业从业者级别。请注意，这可不是什么高标准，这是基本标准。

好，沿着上述三个假设，我们的分析结果是什么呢？

首先，不管是胡润、还是BCG、瑞银、瑞信或贝恩的报告版本，在2015年，中国可投资资产在1000万以上的富裕人士已经超过了120万人。请注意：不是1000万元，是1000万元以上，是1000万起。其次，中国人都知道，这些统计都只能统计那些能被统计的人，还有好多不能被统计，但全村人都知道的富豪，不算在内。再次，这个数字自 2010 年之后，每年以 10% 以上速度复利增长，换句话说，预计 2016 年将超过 130 万，2017 年 140 多，2018 年近 160 万。

基于这个数，哪怕使用我们刚才第一条和第二条两个十分不现实的假设，中国需要多少名专业的理财顾问呢？ 12 万人起，注意起字。然后，每年需要多至少 1 万。

现在，我们把第三条基本标准放进来，看看中国市场目前供给的专业理财顾问人数有多少？大家的算法不一样，我的算法可能稍微粗暴了点，比如，排除法：那些从来没有为客户做过全图谱资产配置并有效管理的理财顾问（from insurance to alternative），均不符合第三条——虽然他们通过学习和实践，可以逐渐转化。这么算来，洋洋洒洒的中国零售金融服务行业，专业人才供给很难超过 2 万人。这不是我悲观，而是客观。

有朋友问：你这个说法不合理，那面对中国高净值和富裕人群的财富管理行业，号称几十万亿的市场规模，又是靠什么支撑的呢？答案简单却现实：这是一个被严重 under-served 的行业，大多数从业者其实达不到从业的专业标准，而大多数客户其实没有得到合格的服务。机构的进化，从业者的提升，势在必行。正是因为如此，才给了那些沿着专业能力和职业素养砥砺前行的理财顾问，以无限的空间和钱景。

所以，亲，你知道吗，你真的很值钱。

理财顾问角色下的股权投资

2015—11—20

刚刚过去的周末，在武汉参加一场客户活动。活动没有 PPT，也没有规定主题，更没有什么项目或产品的推介，只是和一些高净值投资人喝个早茶，聊聊近期一级市场投资的机会和看法。咖啡时间，有一位初次见面的投资人问我："李大爷（笔者花名），我觉得你的判断不会错。如果是你，现在会做什么样的私募股权投资呢？"

这是一个投资顾问被客人问到的经典问题，也是投资人经常会问自己投资顾问的问题。提问者认为：我的投资顾问和我一样也是人，他知道的信息比我多。所以，他投的东西，才是好东西。如果他自己都不投，那我肯定不投。我问他自己要投哪个，只跟着他投，是避免道德风险最好的办法。

这是一个没有意义的问题。道理很简单，因为投资人和自己的投资顾问根本不是一个资产配置和财务规划的基础；他们在年龄、家庭、事业、财务状况、风险偏好等各个方面都有差异。在中国目前的行业中，尤其明显。投资顾问能投、适合投的项目，未必自己的客户适合投；而客户能投、适合投的项目，当投资顾问从顾问变成投资人的角色时，答案很可能相反。

这个问题的本质，是投资人希望从投资顾问的视角，为 TA 分析适合做什么样的股权投资。毕竟，近期大多数一级市场的私募股权投资，都是 5 年、7 年甚至 10 年的封闭期。投资人希望得到更加中肯、个性化的回答。

作为一个合格的投资顾问，在这样的问题上，至少有一套规定动作和一套自选动作要完成。

规定动作：充分披露 Why, What, When, Where, Who, How and How Risky。

第一个问题：当时当下，为什么高净值客户需要考虑做股权投资？这一投资行为的基础逻辑是什么，是如何赚钱的，又是如何亏钱的？从过去 10 年、5 年和最近一年，看国际国内，可查验、可考证的总体回报如何，具体案例是什么。首先解释清楚 Why，比什么都重要。

第二个问题：投什么？什么领域、什么行业、什么阶段的基金或者项目，可能成为客户合适的投资标的。它们的特点是什么，投资的策略是什么。从过去到今天，在这些领域、这些行业、这些不同阶段的项目，发生了和正在发生什么事情，将要发生什么变化。

第三个问题：处在什么样的时机？在二级市场里，价值投资的大师们都说，没有人能够 timing the market。而在一级市场的投资中，时机，毋庸置疑是十分重要的事情。顾问必须清醒地认识到自己将要建议客户投资的行业、领域、项目，处在什么样的时机下。而不同的时机下，将会面对什么样不同的收益和风险情形，什么样不同的估值周期。给客户解释清楚。

第四个问题：在哪里投资？这个问题很特殊，也是当下必须面对的问题，投资国内市场 / 项目、还是投资海外市场 / 项目？比如，同样投资 TMT，是投资国内的项目，还是投资美国、以色列的项目？是投资那些计划在 A 股上市的公司，还是投资那些目标在海外上市的公司？如果投资国内，什么样的 TMT 公司是主要标的（企业服务、消费升级、FinTech）？而如果投资以色列，什么样的 TMT 公司是主要标的（和国内很多不同）？他们的客户、模式、估值、退出渠道等，又有何特点和差异？同样是医疗，美国的医疗基金和中国的医疗基金又有什么区别？最后一点，同样是股权投资，是用美元投，还是用人民币投？在哪里投？也是复杂的问题。

第五个问题：谁是投资管理人？某种意义上说，这是最关键的。谁在管理这支基金，谁是那个帮客户发现价值并锁定价值的团队？相信大牌基金，没有错。但大牌基金也有出来单飞的顶尖投资人。相信投资经验和辈分没有错，但市场上由 80 后主导的基金近年来也有十分抢眼的表现。投资顾问，需要有敏感的资讯来源和宽广的人脉关系，能够打听、了解、调查和分析投资管理人的人品、业绩、策略、资源，从而对团队是否靠谱做出客观评价。

第六个问题：如何投？这是关于投资流程的问题，但千万不能有一丝马虎和错误。很少有客户上来就理解什么是有限合伙、什么是契约性基金、什么又是 SPV 和 VIE。在地图上，客户也找不到哪里是开曼群岛、哪里是 BVI、哪里是共青城。大多数情况下，客户很难理解投资的项目说明书；尤其如果是美元的股权投资，看懂英文的有限合伙人协议和风险提示声明，对客户来说是不小的挑战。大多数大陆的投资人，没有接受过系统的税收规划服务，对于因境内外股权投资而产生的税收义务和纳税政策，从来没有想过，甚至认为不用考虑。虽然国内外监管当局对什么是合格投资人做出了一些界定，但基本是基于财力的界定。而对客户对于金融投资的复杂性理解和风险认知能力，无法清晰界定，更不要说对投资流程和法律服务的明确规定了。一个合格的投资顾问，需要为自己的客户把一切打理明白。

最后一个问题，风险提示。私募股权投资，是高风险投资。如何为自己的客户解释和披露投资的风险，是所有负责任投资顾问的职责。风险不等于损失，而是不确定性。解释不确定性，是风险提示的关键。它可能来自于宏观社会经济和政治文化因素，来自于技术变革，来自于项目本身的运营，来自于投资管理人的代理人风险，等等。讲清楚，并把可以充分做到的风险管理手段进行解释，包括清晰说明你的投后服务和披露规则。

做完规定动作，还有一个非常重要的自选动作：充分理解你的客户，给出最符合他们情形和需要的建议，而不是给出你和公司喜欢的建议。

作为梅长苏，深刻地了解你的靖王，是顾问的第一任务。虽然你一年可能见不到客户几次，因为你不止一个客户；虽然你对客户的认识仅限于他给你的信息，还有好多信息，他出于隐私并没有告诉你、甚至不愿意你知晓；虽然你的客户可能比你年长 10 岁、20 岁、30 岁，但是，有档次的投资顾问，能够通过专业的面谈、强大的投资策略和规划工具、定期的客户交流，敏锐地觉察并体会客户需求以及需求的变化。能不能越来越多、越来越准地了解客户信息，理解 TA 的家庭、TA 的生意、TA 的价值观和决策偏好，这属于基于智商能力的情商建设问题，确实对不少人是硬伤。

投资顾问的角色和专业投资人的一个巨大区别在于，专业的投资人是为钱工作，5 倍、10 倍还是 100 倍，是他们的追求。而投资顾问是在为人工作，30 倍不一定等于信任，而 2 倍，却未必意味着平庸。

“Investment is not only about math, it is, actually, more about people and communication”，这是我的一位教授在我毕业时送给我求职方向的一句话。每每想起，都能体会到，老师是在安慰我的数学差。

理财顾问应该怎样思考宏观?

2016—06—10

在投资理财这个行业里，似乎人人都是经济学家。大家尤其擅长研究宏观经济，以论证自己给客户做出的投资组合建议或产品推荐。这倒是没有错，因为它符合人类大多数情况下做出利益决策的基本模式：基于过去事实和理论原理的逻辑推演。接着之前“理财顾问是做什么的”系列，今天我们谈一下理财顾问的宏观经济思维。

我们可以直接用个简短案例作为分享：理财顾问如何看待和分析美联储加息。特别感谢我的小朋友骆智能先生①就以下部分内容做出的贡献。

一、What happened and may happen

美联储6月中旬的会议将宣布，是否执行新一轮加息周期以来的第二次加息——这是一条宏观经济新闻，但不足以作为我们对加息这个宏观因素的基本理解。

咱以这样的方式展开，做个例子。This is not the first time。实际上，

① 骆智能（yes，这是他的真名）毕业于美国伊利诺伊香槟分校，获金融工程专业硕士，曾任美国MarketAxess量化分析师，之后作为沃尔玛全球领导力项目管培生，供职沃尔玛中国地产投资分析；现入职国内顶尖财富管理公司的高级管理培训生项目。

在过去 30 年间，美联储一共有五个加息的周期，其中 20 世纪 80 年代 2 次，90 年代 2 次，21 世纪初 1 次。加息的时间跨度最短 11 个月，最长绵延 28 个月，平均跨度 18 个月。周期内，加息次数最少 6 次，最多 24 次；加息幅度最多 425 个 BP，最少 175 个 BP。整体 30 年间，利率总体呈下降趋势，时至今日的联邦基准利率，已是自 1982 年以来的谷底值，降无可降。

既然这不是第一次，那过去 5 次都是怎么发生的呢？我们至少应该有一个简单的记忆：(如表 1、图 1 所示)。

表 1　美联储五次降息情况

加息时间	起始利率	最终利率	加息次数	加息幅度	时间跨度
1983 年 3 月至 1984 年 8 月	8.5000	11.5000	10	300BP	1 年 5 个月
1987 年 1 月至 1989 年 5 月	5.8750	9.8125	24	393.75BP	2 年 4 个月
1994 年 2 月至 1995 年 2 月	3.0000	6.0000	7	300BP	1 年
1999 年 6 月至 2000 年 5 月	4.7500	6.5000	6	175BP	11 个月
2004 年 6 月至 2006 年 6 月	1.0000	5.2500	17	425BP	2 年

图 1　美国联邦基金目标利率

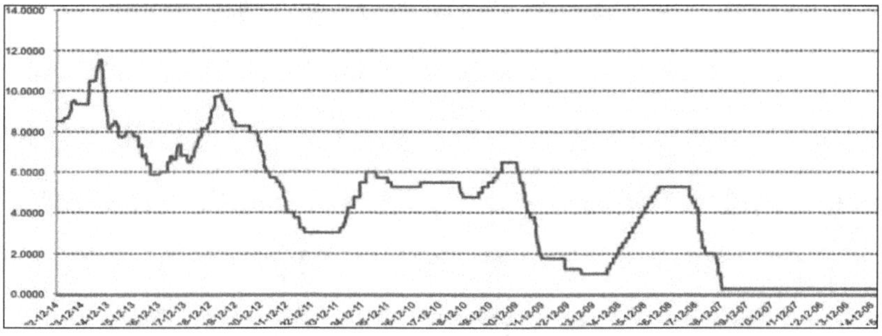

经济复苏初期的第一轮加息：1981 年，美国通货膨胀率已达 13.5%，增长却疲软，基本上处于滞涨与衰退之间。里根上台后，在稳定货币量的同时，减轻赋税、缩减开支，并减少了政府对经济的干预（所谓的里根式“供给侧改革”）。从 1982 年开始，结束了滞涨，CPI 开始大幅下行，加息前一度下行至 4.5%，同时，GDP 同比震荡上升，在加息前由负转正。美国加息后，通胀进一步下行，最低至 3%，GDP 也最高上行至 8.55%，失业率更是从 10% 下降至 7% 附近。

通胀抬头后的第二轮加息：本轮加息之前，通胀基本稳定在 4% 附近，经济增长也较为平稳，失业率也处于较低的 5% 左右。1987 年 8 月，格林斯潘被里根任命为联邦储备委员会主席，开启美国经济的格林斯潘时代。此次加息的目的，是为了避免经济走向过热。但加息后，美国股市出现大幅下跌，为抑制股市崩盘，期间美联储进行了两次降息接近 60 个 BP，股市企稳后，才继续恢复加息。

通胀恐慌下的第三轮加息：20 世纪 90 年代中期，正值信息技术产业发展之初，通胀已下降到接近 3% 上下，经济增长在 4% 以上，失业率也逐渐下降。同样，出于防止经济过热的目标，美联储在通胀可控的情况下加息。加息后，通胀和失业率均有所下行，经济也基本保持稳定。

互联网泡沫下的第四轮加息：世纪之交，互联网泡沫形成，经济也有过热倾向，GDP 增长率连续在 5% 附近。此轮加息给美国经济造成了较大的影响。在本轮最后一次加息后，GDP 快速下滑。2001 年四季度，GDP 同比仅为 0.21%，接近零增长，通胀也从 21 世纪的高点逐渐下降。此轮加息，刺破了互联网泡沫，加之随后的 9•11 事件雪上加霜，美联储立即停止了加息进程，并于次年年初，开始了连续大幅降息的进程。随之逐渐地，房地产成为推动美国经济和消费前进的动力。

房市泡沫下的第五轮加息：房地产市场的繁荣带动经济快速回暖，通胀逐步回升，也带动了信贷市场的繁荣和金融创新的兴起。各类基于房地产的高杠杆、高风险衍生品种类繁多。为遏制经济过快发展以及通胀的快速上升，美联储于 2004 年启动了 21 世纪以来的首次加息。2006

年2月，伯南克正式接任格林斯潘出任美联储主席。随着利率的走高，衍生品定价快速下滑，很大程度上也引致了次贷危机的爆发，并再度导致经济快速下行，全球经历了自大萧条以来最严重的经济危机。

综上可以看出，美联储加息，大多数情况下是为了防止本国经济在整体或局部的过热或潜在的泡沫风险（我们不谈阴谋论和货币战争）。那么今天，和过去的5次相比，是否可同日而语？

表2是在每次加息时点上几个关键数据的对比。我们可以加入2016年近期的最新数据，去体会和理解本次加息的大背景。两个基础结论：本轮加息明显不是在所谓过热已经形成的情势下采取的行动；历史上加息周期可长达28个月，因此耶伦也未必非要到已经看到过热才继续加息。

表2 美国主要经济数据

加息开启时点	美国主要经济数据			
	GDP同比	CPI	核心CPI	失业率
1983.3	1.59%	3.60%	4.70%	10.30%
1988.3	4.31%	3.90%	4.40%	5.70%
1994.2	4.65%	2.50%	2.80%	6.60%
1999.6	4.21%	2.00%	2.10%	4.30%
2004.6	4.21%	3.30%	1.90%	5.60%
2015.12	2.17%	0.50%	2.00%	5.00%

（数据来源：美国经济分析局，美国劳工部，广证恒生）

二、So What

理财顾问需要进入下一个环节：加息与大类资产的价格与收益，呈现什么样的关系？请注意，我们暂且不去分析因果，只是观察相关。

在五次加息期间，美元出现两次走高，两次接近走平，一次下跌。加息周期与美元存在一定的弱相关性。通常，加息的情况下，美元不走熊的概率较大，但并不保证美元一定会走牛。这意味着美国加息时，持有美元并不一定能够盈利，这可能与逻辑上存在一定的冲突。同时，从加息与降息的影响程度看，降息的影响程度更大，体现在降息周期内，美元的下降的幅度会更大。（如图 2 所示）

图 2　加息对美元的影响

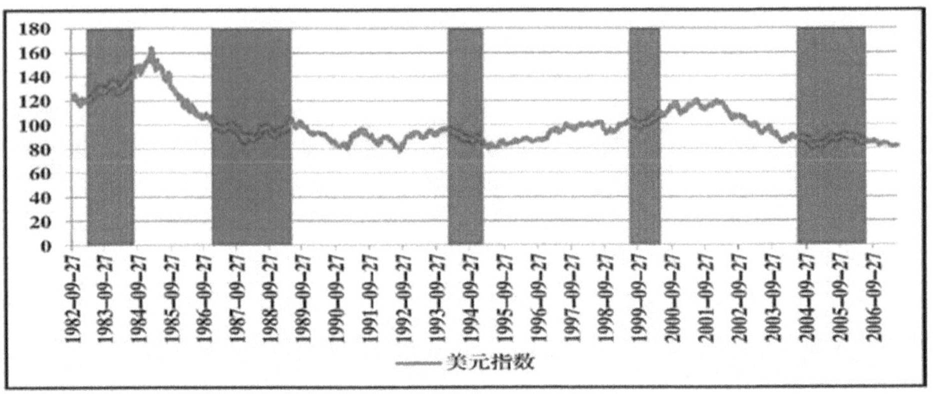

美联储加息对国债的影响明显要强于对美元的影响。从五次加息来看，美国国债收益率有四次在加息期间均有较为明显的上浮。美国 10 年期国债收益率分别在前四次加息期间上浮 200、172、172、78BP；仅在第五次加息期间下浮 32BP。而在降息周期内，利率均有较大的下浮。从这点看，降息对国债收益率的影响也大于加息。同时，美国加息对其他发达国家的国债收益率影响与美国国债基本一致，只是变化幅度上有所差异。（如图 3 所示）

图 3　加息对美国债的影响

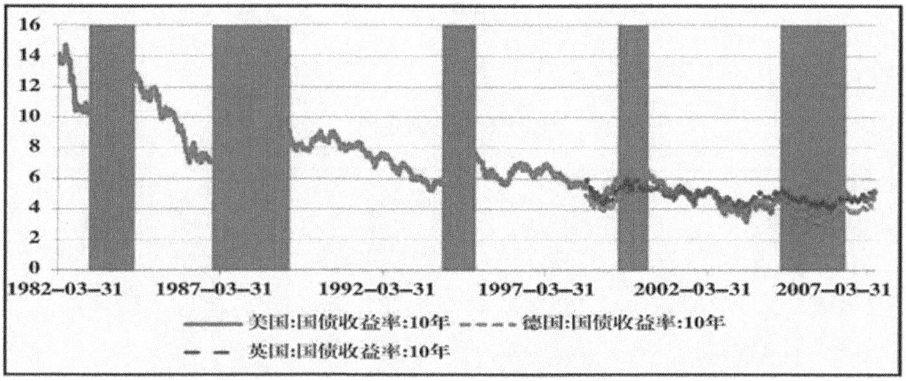

从美联储加息对股票市场的影响看，加息期间美国股票市场并不会太差，有时反而表现会更好。人们一般认为加息会提高企业的负债成本，并对企业估值会产生负面影响，因而可能会对股市有负面影响。但实际上，在五次加息期间，S&P 500 分别变化了 8%、26%、0%、6.8% 和 12%。有趣的是，加息结束后，悲剧才往往拉开序幕。从 1999 年和 2004 年这两次加息周期看，加息结束后，股市短期内就面临剧烈动荡，这是距离我们最近的两个例子。（如图 4 所示）

图 4　加息对股市的影响

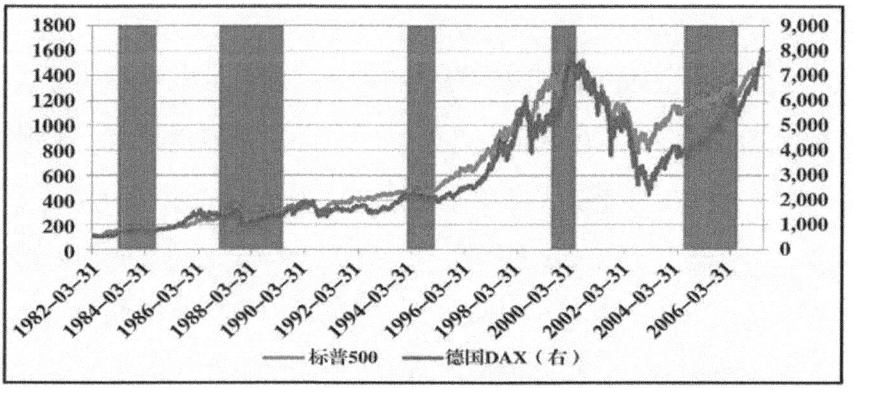

美联储加息对新兴国家经济和金融市场表现的相关性较大。不得

不说的是，每次美国加息周期内或加息周期之后，总有一些新兴市场国家爆发出金融或者经济危机。Again，理财顾问不可以是阴谋论者，没有必要去论述其中的因果关系。（如图 5 所示）

图 5　加息对新兴市场的影响

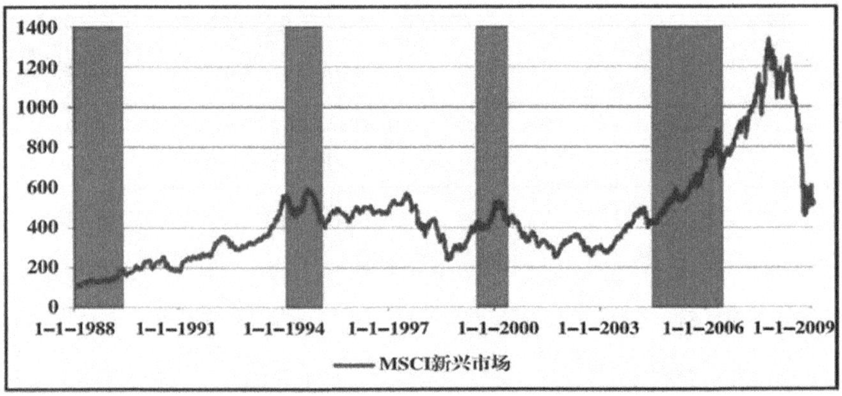

在美联储加息开始时，新兴国家的股票市场表现并不会太差。从 1988 年以来的四次加息周期中，仅 1994 年的加息期间，新兴国家股市有一定程度的下行，而另外三次加息期间，新兴国家股市也均出现过不同程度的上行。但是，在加息结束后，新兴国家资本市场往往会出现大幅下行。例如 1994 年、1999 年以及 2004 年加息周期结束后，MSCI 指数都出现大幅下行。

进一步观察加息与新兴国家经济的关系，我们可以看到其对于新兴经济体国家整体经济表现的负面冲击。1982 年，加息周期内拉美国家发生了较为严重的债务危机。1988 年，加息周期诱发了韩国、中国台湾等泡沫破灭，终结了亚洲四小龙的快速发展。1994 年，加息周期内墨西哥发生金融危机，让“中等收入陷阱”成为发展中国家时刻担忧的名词。1999 年的加息周期内，俄罗斯、巴西以及阿根廷等国均发生金融或经济危机。2004 年的加息，直接导致了次贷危机，引发全球金融危机。而美国，却是第一个走出危机底部的国家。

这里面有一个大家认为的逻辑：美联储加息周期下，国际资本从新兴市场中流出，这会使得一些外债较大、期限错配较高的国家还债难度增加，从而诱发经济危机。这只是一种说法。类似的说法和论文，在一定程度上解释了过去几次发生在新兴经济体的悲惨故事；同时，也一定程度上解释了为什么我们中国的投资人在过去近 30 年间，对美联储的加息周期并没有什么感触。但是，随着中国资本账户的进一步开放，中国投资人将对美联储加息这个事情，产生除了看新闻之外更加直接的体验。接下来，我们继续观察历史上加息周期前后，大宗商品和美国房地产市场的表现。如图 6、7、8、9 所示，大家可以自解。

图 6　加息对期货的影响

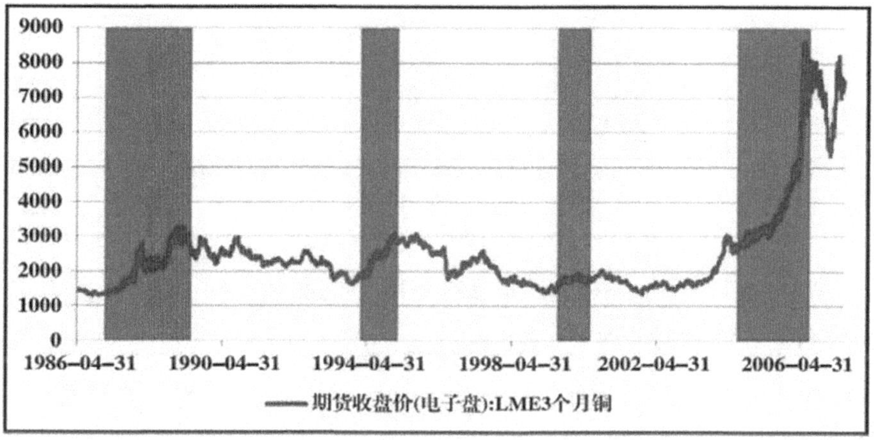

最后，我们进入理财顾问更加关心的一个部分。加息周期与两个非常关键的资产配置种类的关系：私募股权投资基金和对冲基金。问题来了，我们无法找到充足、全面及可信的数据，帮助分析加息这一宏观经济事实与私募股权投资及对冲基金收益表现之间的相互关系。

图 7　加息对期货的影响

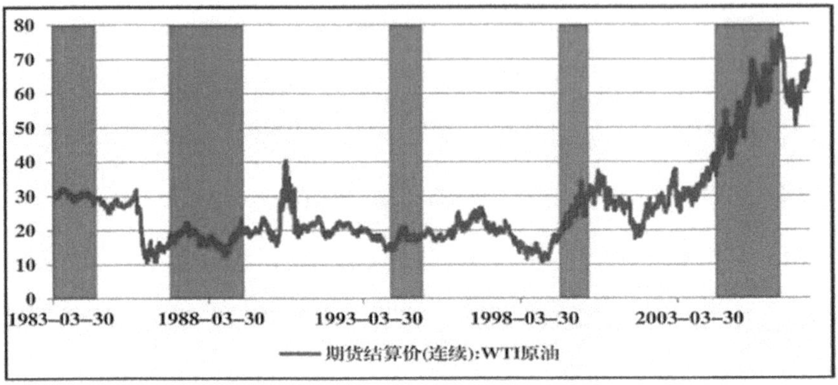

图 8　加息对现货黄金的影响

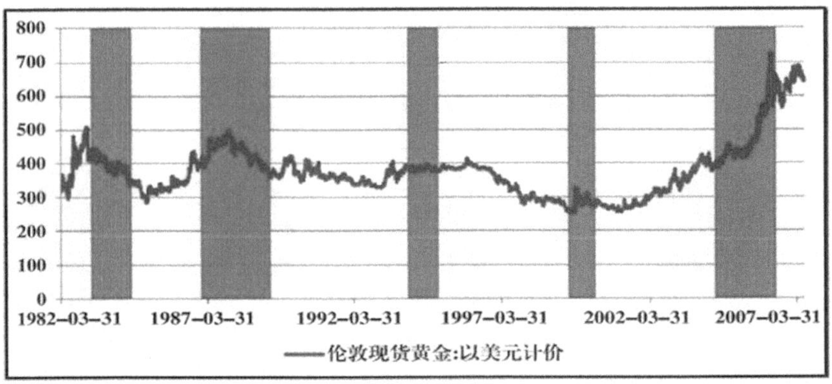

图 9　加息对房地产的影响

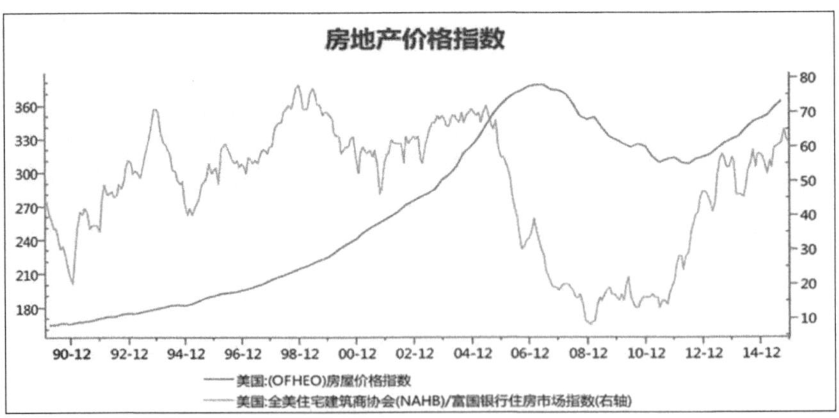

两个现实问题：

（1）由于没有一个公开市场或平台可以收集到全面的数据，使得市场上能够收集到的数据或报告，往往是那些表现好的基金或管理人所提供出来的数据和报告，导致了明显的样本和数据源误差。

（2）由于私募股权投资基金和对冲基金的收益及回报计算，有着自己独特的方式方法，其中涉及估值模式和管理人提成等很多扭曲实际收益表现的因素，也使得我们很难将其作为一个整体来进行分析和解读。

那么，私募股权投资基金和对冲基金，真的能够穿越周期吗？或者换个问法，私募股权投资、对冲基金的表现与宏观经济因素或事件，有没有相关性？这成为一个值得严肃的经济学家们去研究和论证的课题。对于理财顾问来说，至少认识一点，不管有没有相关性，至少目前看来，从宏观经济角度去研究私募股权和对冲基金的回报，暂时是一件没有意义的事情。从我自己的观察来看，是没有相关性的。

三、OK，what to do then

以上的分析很长，其实，很少有客户愿意听我们讲完。即使听我们讲完，我的经历是，客户大多数情况下，要么不关心，要么不同意。理财顾问也没有必要从让客户认同自己的研究中找到成就感。因为客户真正在意的，不是你的研究，而是你提供的风险管理服务。让我们简单一点，理财顾问们的宏观经济思维，将落地于以下几个具体动作：

1）通过对宏观经济要素和周期的分析，合理设计客户在不同周期和宏观背景下，资产配置的基本构成和大类安排，并做出适时调整。

2）不断更新的宏观经济分析，能够帮助我们躲避明显的周期性风险，并为那个一定会发生的downturn，提前做好充分的准备和布局。哪怕是心理上的准备。

3）合理的宏观分析思维和认知，将成为我们在确定具体投资标的和项目时的前提假设。大多数情况下，宏观经济分析并无助于我们对是否应该投资一个项目做出“是”的判断，但却能够在很大程度上支持我们做出“否”的决定。这也是宏观思维对微观投资理财决策最直接的帮助之一。

最后一点，作为理财顾问，我们需要认识到，行业里千千万万的我们和我们的投资人们，并不仅仅是宏观经济的一部分，更是形成宏观经济的一部分。我们的思考、决策和行为，影响着数以万亿资金的流向及其运行的机制和情绪；我们对于宏观经济的理解，映射到每一个具体的投资建议和行为中，时时刻刻；而这种建议和行为本身，也时时刻刻，深刻地塑造了我们所观察到的宏观经济。

美国经济在复苏？美元会升值？ TMT是一个好行业？医疗行业是抗周期的？中国人正在经历消费升级？人口红利是大问题？耶伦七月才会加息？所以，我们……Reflexivity works. 我们将要生活于其中的经济，其实真的可以是我们想要的经济。而我们害怕的那个经济，却很有可能最终就变成我们必须面对的现实。

理财顾问 首先 / 应该 / 必须 是投资者的金融学习顾问

2016—08—13

关于投资理财，第一步不是找产品，而是学习，严肃认真的学习。

忘掉人群中那 1% 不到的学霸，各种 PhD/Dual PhD、奥数冠军和辍学天才。对于大多数人来说，学习是件严肃而痛苦的事情，me too。有一定资金积累的投资者，大多是在自己 40 岁以后的年龄，通过快速学习，了解自己很少接触过的知识、鲜为听说过的资讯、甚至从未想象过的新行业和新模式，再基于这一堆堆未知，做出几百万、上千万的投资决策。中国的投资人和中国的创业者一样，在对自己以往成功经验和能力超强自信的基础上，构建了对未知领域碾压式的冒险胆识和乐观主义精神。有时候想想，也挺自豪的。

但是不过 but，张国荣说：是错永不对，真永是真。投资人，在投资之前，请先找到你的学习顾问。而理财顾问们，在让客户投资之前，请先做好客户的学习顾问。

先别急着转朋友圈，容我简单解释一下什么叫学习顾问。学习顾问，本不是金融行业的职位，它来源于高端教育服务行业。其主要职责，是以学生的个性化需求和成绩目标为方向，研究学生成绩现状和学习行为特征，为学生组织和安排课前、课中、课后的一切学习相关事宜；包括：学生应该使用哪位教师、哪套教材和辅助材料，如何安排课表、分配学习时间，如何完成不同科目的作业，在课外参与哪些活动、以促进学习和综合升学或留学目标的达成，等等。

请注意：

其一，学习顾问不是老师。所以，学习顾问的物理、数学、SAT 很大概率上是考不过人大附中高二学生的。同样的道理，理财顾问不用跟客户比智商，也不必非在哪个方面比自己的客户更牛。

其二，学习顾问不是学霸。所以，学生可能已经学会了，但那个陪读的学习顾问自己，可能还不一定搞得很透彻。至少，他无法在所有科目上都能透彻。一样的道理，让客户学懂和理财顾问自己学懂同样重要，甚至更重要。

其三，学习顾问和学生是目标共同体，而不是和老师。学习顾问的一个重要职责，正是监督老师为学生授课的全过程，要求老师把所有计划安排的知识点、知识切片以及关键类型题目讲清楚；对各科目任课老师的历史表现和教学成果（学生该科目成绩）做持续追踪和分析，思考什么样的学生应该使用什么样的老师。他知道哪些老师是白名单，哪些老师是误人子弟的师渣。学习顾问，作为一个关键岗位，普遍存在于从 K12 到留学考试等教育辅导行业中，尤其在 VIP 或 1 对 1 培训项目中，十分重要。同样的道理，理财顾问是和客户利益绑定的，是对客户利益负责的，而不是某个基金经理的下属。没有学习顾问的理财者，就好像没有学习顾问的学生，撞上哪位先生就是哪位先生，转到哪位先生就交给哪位先生，蹉跎光阴，由此逝去。

借鉴到以财富管理为代表的零售金融服务行业，由于长期以来传统从业者已习惯把“信息不对称”和“行业精英主义”作为自己谋生立命和构筑壁垒的基础，很少有机构愿意把“学习顾问”这个理念充分的贯彻到自身服务客户的过程中。即使有，也在中国变了味道。一些我们耳熟能详的词语，被不少人利用其字面含义，目的只在于吹捧自己，刷脑签单。

这是 90 后和区块链的时代。投资理财者出生的时代，已从 50/60 后，逐渐转移到 70/80 后、甚至 90 后。高净值客户的平均学历、经历和创业创富的路径，已随着中国改革开放和市场经济的不断发展，有了基本面的迭代。移动互联网和信息产业的发展，降低了信息套利的空间，减少了精英与大众的知识差，提升了客户对信息服务商服务质量的要求；同时，也提高了他们监督服务者的能力。从业者应该明白，仅靠信息不对称和行业精英主义，很快就无法 hold 住中国高净值客户的需求。

对于中国刚刚成长起来的第一代专业理财顾问而言，对自我角色和职责的认知和认同，将奠定整个中国财富管理行业的标准和未来。西装挺拔，发型精干，颜值高（图 P 的好），学历拽，说英文，耍世界，打球健身皮划艇，非常好！但都不构成咱吃饭的把式。什么才是？举几个基础例子：

- 时常为客户阅读一篇有价值的投资长文，并分享之；
- 时常为客户寻找一个有价值的投资资讯或案例，并交流之；
- 及时就客户提出的经济、金融、投资领域的知识和信息，做研究，并解释之；
- 及时就最近的投资环境、政策变化和风险生态，梳理成文，并汇报之；

• 甚或，定期寻找一本能够启发投资心智的好书，静静地，快递之。

一句话，勤奋、负责、坚持，做好客户在经济金融和投资领域的学习顾问。和他站在一起，帮助他，面对投资路上的八十一回，一起学习和更新自我。这才是吃这口饭到退休的正三观。

理财顾问 可以 / 需要 / 懂得 向产品经理 说不！

2016—08—20

我们是投资理财顾问。但在公司内部，不知道为啥，从华尔街到大国贸，我们的岗位都被统称叫：销售。在美国人的文化里，金融 sales 意味着有钱，任性，华尔街之狼的那种模样。虽然并不贴切，但也能忍。而在中国人的文化里，销售似乎就是 low 的代名词。

朋友聚会时，隔壁的隔壁的隔壁是个美女，她隔着很远喊我，"哎，那个谁，你不是做投资理财的吗？我今年想把北三环的房子卖了，你说合适吗？"我的脑子立马进入了从宏观到中观到微观的信息梳理，准备围绕资产配置的逻辑逐步展开，可她旁边那个胖妞却马上接茬，"你问他干吗，他就是个销售，他哪知道房价会怎么变！"我心头一紧，哥还真不知道。

玩笑归玩笑。今天的重点，不在于评判中国社会对销售类岗位的刻板印象（which is very wrong）；而希望把注意力集中到理财顾问的职责定位和财富管理公司相应的业务机制上。如果这两个问题没能界定清楚、处理得当，那么，从个人到公司，到中国整个投资理财行业，难有什么更大的建树。

一、理财顾问应首先为客户利益负责：客户利益至上

工作上，有些假设看起来对，但其实是错的。或者说，短期看、局部看，是现实的；但长期看、整体看，是不现实的。

理财顾问首先是为谁的利益负责？现实的答案是：老板。我再问一遍，理财顾问首先是为谁的利益负责？真的是老板吗？那么，我追问一个问题：理财顾问的老板，首先是为谁的利益负责？

别闹了，在资产管理和财富管理行业里，哪怕那个最大的老板，只要是正经做、长期做这个行当的人，他就知道，他必须是为客户利益负责，为客户利益负责，为客户利益负责。否则，总有一天，他一定会遭遇 e 租宝、泛亚、大大和快鹿的境遇。

很多人批评我这个观点，说虽然理论上是对的，但是现实很骨感。或者，太理想主义，根本做不到。我就搞不懂了。如果不为客户负责，这个赚钱的买卖能做下去吗？如果你从第一天起，就告诉所有人，大家在这家公司工作，不是为客户负责，而是为老板负责，自己的利益优先，你能做多久这个事儿呢？这个世界上，肯定没有人愿意因诈骗或非法吸收公众存款罪被关进监狱吧？也没有人愿意因为管理能力低下或风控出了问题，而出现无法兑付、被人砸门吧？如果不为客户负责，谁都会被灭。

所以，理财顾问，先不说能力或者资源问题（后面继续讨论），毫无疑问的，首先是为客户利益负责。当你发现公司有任何对客户利益有损坏的事情，不是沉默或者掩耳盗铃、粉饰太平的应付了事，而是说出来，表达出来，影响公司、影响老板，这样才是真的为公司好、为老板好。当然，如果你发现你老板觉得这不是个事儿，损坏点就损坏点吧，那你还不换工作？

我见过不少垮掉的同行公司，在垮掉的一瞬间，理财顾问才开始愤怒和不爽，大骂老板不靠谱："尼玛，我早就知道他要跑路，不靠谱，果然是这样！你赔老子钱，陪老子客户钱！" 我问一句，兄弟，你之前干嘛去了。你每天自信地告诉客户这个产品没问题，一定能高收益、低风险，你在想啥。

咱说直接点，到出事那天，客户会去找你老板吗？一个有限责任公司的有限责任人，加上还可能根本就不是中国人，人家一句 I' m really sorry，该去哪去哪。你呢？家庭住址、社会关系、身份证号，客户全部都知道，你以为你真只是一个雇员？一个职业经理人？理财顾问，和其他的顾问不一样，你对客户的责任，很大程度上是终身绑定的。客户可能会赔钱，但不能是因为你的失职，更何况很多时候，可能是因为你的视而不见。

如果你想干这行，如果你想稳稳当当的干这行，别的先别说，客户利益至上。这不是理想，这不能再现实了。

二、理财顾问有代表客户分析产品、选择产品、建议产品、甚或否定产品的权利和义务

理财顾问有五个角色，其中前三个是：学习顾问、产品研究顾问、资产配置顾问。这是基础要求。要做到为客户利益负责，首先得满足前三个角色的要求。有人说了，别闹，中国现在大多数的理财顾问，根本做不到。我又疯了，学一句 90 后的表达：是可能做不到，and then ？如果你是老板，难道不是应该培养他们，培训他们，帮助他们，让他们能够具备这样的能力？如果你是理财顾问，难道不应该是赶快学习，不断精进，去做到。还在等个啥？

一个理财顾问，不能代表自己的客户，分析产品、选择产品、建议产品，甚至发现产品的问题和缺陷时，不能提出修改和完善的意见，那你的工作还有什么价值？你的客户为什么选择你？

有人跟我说，你想多了，我们公司有分工，我们只负责卖，我们有产品经理负责找。只要是他们找的，他们做的，肯定不会有问题。我多问一句：你真的真的真的是这么想的吗？还是你故意遮上了自己的双眼，只为了一个叫做“业绩”的数据。不要用上帝视角，更不要相信有人告诉你他是上帝。

老板之所以牛，是因为有团队给他说 No。

Leader 之所以牛，是因为有 partners 跟他说 No。

产品经理之所以牛，是因为有理财顾问给他提出诚恳而有价值的意见，可以说 No。

说 No，在当今社会和商业组织中，不是羞辱或对抗，而是尊重与帮助。在一家公司里，如果围绕客户利益这个最基本的话题，大家都不能互相说说 No，怎么可能有合理和优化的解决方案。这又有什么做不到的呢？

在金融投资这个行业里，人性是最大的风险。我们每一个人，都会贪婪、恐惧，或者过度自信。我们每一个人，都只能生活在自己的专业和世界里，用自己的感知去度量别人的选择。理财顾问不是一个只管卖的角色，真的不是。

三、产品经理在投前、投中和投后三个阶段中是支持理财顾问的角色

我有很多朋友都是产品经理、基金经理。他们的专业素养和经历都非常让我尊敬。但是，并不是所有的产品都适合所有的客户。哪怕确实

适合，也不是在所有的场景或时机下都适合。术业有专攻，理财顾问和产品经理的交流和合作，在产品投前、投中和投后，是支持与被支持的配合关系，而不是生产者和分销者，批发商和零售商，“天然专家”和“默认小白”的关系——也许以前是，但今天不合适了。

产品经理在投前需要做好三件事：

(1) 充分披露产品细节；

(2) 充分解释产品风险和收益模式；

(3) 与理财顾问一同为客户的资产配置计划，提出就该产品或项目的投资建议。

在投中需要做好三件事：

(1) 会同理财顾问，合法、合理完成投资和交易的流程；

(2) 按约定执行投资；

(3) 和理财顾问一起，做好法律政策和操作风险规范要求的文件和信息管理。

在投后需要做好三件事：

(1) 会同理财顾问，按约定执行必要的投后披露；

(2) 按约定适时调整投资策略，优化投资方法；

(3) 会同理财顾问，为客户执行收益安排。

产品经理在整个过程中，需要理财顾问的配合；理财顾问在整个过程，需要和产品经理协同服务客户。但是，由于产品经理大多数情况下只负责某一个类型的资产管理或某一种产品的管理，而理财顾问距离客户更近，服务客户的范围更广，因此，应该以理财顾问为枢纽，计划并安排上述事宜，而不是相反。总之一条，以客户为中心，就要求以理财顾问为服务枢纽，而不是以上游某个资产类型的大佬或产品供应者为枢纽。

四、资产荒和独立理财顾问模式的延展

有朋友和我讨论说：之所以现在资产端强势，而理财顾问弱势，是因为中国有资产荒，资产不好找。所以，拿着好资产的人很牛，资金端没有竞争力，还要抢。我总是喜欢多问几次同样的问题：真的好吗？真的牛吗？真的永远牛吗？ e租宝也是被抢着买过的，2015年多少阳光私募和打新股的基金也是被抢着买过的，某些国际大牌在中国发行、后来赔死的基金也是被抢着买过的。

这本不是一个钱多、还是资产多的问题，这本是一个受托者责任应该如何履行的问题。哪怕你是uber、你是airbnb，够稀缺、够牛叉了吧（估值高低先不说）。对不起，没有按照上述投前、投中、投后的规范，审慎流程，理财顾问是不应该让客户做投资决策的。

还有朋友跟我说，只要实行了独立理财顾问模式，就能解决这个问题。抱歉，我个人意见是：这次，轮到你有点理想化了。今天中国大多数所谓独立理财顾问的项目或平台，很大程度上，就是飞单平台。那啥叫飞单平台？一句话：拿着A的底薪，却卖着B的货物，甚至卖着不知道哪来的货物。可怕的是，还有人告诉我这叫共享经济模式。

第一，今天的理财顾问，很多连自己公司平台推动的产品都还没有足够信息和资源去研究透，看清楚，就把某个网站或所谓平台的产品，推荐给自己的客户，这怎么能是为客户负责？这是为私利负责，多挣了笔佣金。

第二，某些平台，一分钱固定底薪都不愿意给，一个理财顾问都不愿意培养，把高佣金作为利益的 hook，引诱其他公司的理财顾问飞单。这也能叫分享经济？这叫窃。

真正的独立理财顾问模式，最基本的两个前提：

一是制度前提。真的独立，不拿别人的底薪，有自己的公司或合伙人实体，以客户为中心，提供从资产管理到事务管理的服务。

二是能力前提。真的具有获取资产、分析资产、管理资产的能力。这一天一定会到来，但今天，还有很长的路没有走。

总结一下，我们常说，资产管理制药，财富管理行医。制药者须有工匠之心，重在专注；行医者应守勤勉之责，达于仁善。有远见的公司高层管理者，应划清楚权责边界，让双方互为补充、相互制衡，切不可药厂控制了医院，或者医院自办了药厂。产品端压迫或渠道端倾占，均不可取。

当然，说不，不仅需要勇气，还需要智慧。对自己的能力和判断没有自信和把握，对自我的信念和观点缺乏笃定和坚持，是无法说不的。不过，这些对于中国新一代理财顾问而言，其实并不难。首先需要的是时间，大家还年轻；其次需要的，是在时间上的学习、修炼和坚守。

作为财富的守望者，英文翻译叫做 watchdog，如果咱连声“不”都不可以说，不需要说，或不懂得说，那长得再大块头、毛发再好看，也就是只哈士奇。

如何判断 Fintech 投资?

2016—03—08

按照埃森哲 Fintech Innovation Lab Asia-Pacific 的一篇报告，2015 年亚太区的 Fintech 投资至少翻了四倍。2014 年的全年统计数据是 880 million 美元，而 2015 年的前 9 个月就已经达到 3.5 billion 美元。非常热。接着，Accenture 对 2015 年统计的 122 个 deals 做了 6 个分类：Lending（借贷）占 24%；Payment（支付）占 40%；Markets & Wealth Management（交易市场 + 财富管理）占 16%，Insurance 占 2%，Risk and Security（风险和安全）占 16%，其他占 2%。你会问，什么样的技术在驱动这些投资热潮？报告给出三个重点：Blockchain（区块链），Cloud（云），Cybersecurity（网络安全）。

咨询公司的报告总是这样，一定具有不明觉厉的效果，让人细思恐极。但对于大多数投资人，并没有回答你关心的基本问题：热在哪里？该不该投？如何分析和看待这个领域的投资机会？

Fintech 也是生意。一个生意要有存在的价值，是因为它解决了某个经济意义上的问题（issue），相对其他生意它解决得更好。因此，它可以因为解决这个问题而获得报酬。一个好的生意，它及它衍生出来的全部施加给社会的成本，要低于它解决问题而创造的价值。于是，这个生意是良性且持续的，能够得到社会认同。

Fintech 也一样。之所以存在、越来越热，是因为它能更好地解决下面这个“不定项选择题”：

问：传统金融行业需要大力改进的地方在哪里？Fintech 公司能有所作为的地方在哪里？

答：出于种种原因，传统金融行业的服务或模式（　　）

(A) 交易成本高，被服务主体支付了过高的交易成本

(B) 复杂度过高，不重视体验，被服务主体不懂或无意愿参与

(C) 定价不合理，被服务主体要么不能被覆盖、要么支付不起

(D) 交易风险大，各相关主体不愿意参与交易或服务的过程，导致交易不稳定、不可持续

好的，不管哪个 Fintech 的公司，不管它利用什么炫酷的技术、模式、人才，是不是能够围绕上述选择题，覆盖 1 个或多个答案，且确实回答得很好。可能各有侧重，但完全不能回答问题者，要么是差 Fintech，要么是装 Fintech。

这不仅是风险投资人的工作，更是作为投资者的您，可以使用的一个极简常识标准。简单列几个知名项目做例子，大家可以有不同意见，也可以自己继续做题：

MotifInvesting：A B

Transferwise：A

Robinhood：A

Wealthfront：A B

支付宝：D

宜人贷：B C

同盾科技：D

蚂蚁金服：ABCD

要么做条比 Alpha 更厉害的“狗”，要么去养一条，做狗主人

2016-03-24

Alan Greenspan，这位前任美联储主席，90 岁。下面这段话出自格佬 2013 年出版的一本书（87 岁高龄时）：《动荡的世界》，英文书名 The Map and the Territory：Risk, Human Nature, and the Future of Forecasting。整本书中，我摘抄了 10 段话，不时拿出来看。这是其中最常想起的一段。

有钱人为什么往往会更有钱？

资本主义发展的核心是创造性破坏，会同时产生赢家和输家。如果我们希望不断提高生产率和生活水平，就必须用包含先进技术的设备持续替代过时的低生产率设备，这是道很简单的算术题。然而，在这样的替代过程中，有相当多失去工作的劳动者及其家庭，将遭遇不可避免的痛苦。

近日，我陪一位年轻优秀的投资顾问见了一位超高净值投资人。客

户拥有一张世界上数一数二贵的绿卡，在中国一线城市坐拥房产和物业若干，在国外握有永久产权的住房若干，在国内多个顶尖银行持有最高级别的黑卡白金卡，于保险、固收、资本市场等类型有一定的分散配置。客户有丰富的海外生活和工作经验，白手起家的生意起始于国内地产行业过去 20 年的辉煌。目前，正考量来自北欧顶尖的健康保健类股权直投和二次创业的机会。客人与我交流了全球地产的投资趋势和观点，希望改变一些投资方式。谈得很投机，因其正好在客户亲历的生意语言中。我和她聊起互联网金融和 TMT 一些趣事，她虽感觉陌生，却很感兴趣，多次提问并默默记下。随后，我们便约了下次在香港或上海详谈再叙。结束时，她站起身来和我道别，健美的身材保持与她的年龄和经历形成反差。她微微弯腰、合掌示意，以表达礼貌，看着我走远才回身坐下。

在今天的中国，这并不是什么难得遇上的好客户。相反，这是越来越典型的高净值客户画像。梳理大多数天南地北我服务过的、看似千差万别的高净值客户，他们和电视剧电影里的有钱人角色大相径庭。他们虽然年龄较长，但大多比同龄人更加健康和充满活力。他们普遍比一般人更开放，更愿意接受新鲜事物和信息，好奇心、学习能力和三十来岁的人不相上下。有意思的是，他们普遍比常人想象的更谦逊，与表达自己的成功相比，更擅长倾听来自年轻人给他们谈论的新潮概念和大胆观点。他们很少打断你，却非常有主见和分寸感；他们会专注采集你话语中的信息，发现有意思的事情马上深入挖掘。在决定投资时，他们快速出手，从不磨叽。甚至很多时候，是他们主动做出投资决策，催着投资顾问快点下单。然后，提前约好下次见面的时间，并不和你保持什么应酬关系。

话说回来，每次我阅读格林斯潘的那段话，内心深处的第一反应，是为在生产力和生产工具代际更替中社会所承受的“痛苦”和“摩擦”而感到惆怅和不安。尤其今时今日，随着供给侧改革和全球大多经济体现实情况不如人意的延展，加之全球技术革新加速了“设备（比如过时的劳动力）”的置换，越来越多的岗位、企业、组织成为格佬笔下那个“被持续替换的低生产效率设备”。但坐下来一想，是什么在驱动这些替换呢？是资本。资本因何而来？是投资。投资因谁而起？是那些拥有资本的人和他们选中的企业家。

为什么有钱人往往会更加有钱？也许是因为他们已经有钱。那为什么是他们已经有钱？你说是因为他们的父亲已经有钱。我们应该继续问，那为什么他们的父亲已经有钱？呵呵，其实我们每个人都大概知道答案，只是不愿意面对，抑或不愿意承认。老有人说，未来投资顾问这个工作，会被机器人顾问所取代，我们将会失去工作。也许吧。但是，阿尔法狗再牛，也总有那个喂狗的人。我们可以选择努力，做一条比阿尔法狗更厉害的“狗”。但也许更好的办法，是去养狗，成为狗的主人。

“资本主义发展的核心是创造性破坏，会同时产生赢家和输家。”格佬的这句话，启迪了很多问题，包括人应该如何工作，以及如何投资。

那些年薪百万的投资顾问，周末都在干什么？

2016—05—06

理财顾问的三个基本职责：

帮助客户研究风险，向客户解释风险，帮助客户管理风险。于是对应着三项基本工作：不断的学习与研究，合适的投资者教育，可靠的风险管理和资产管理。很多人看了之后，觉得很不屑：原来这帮年薪百万以上的人，就这么点事儿干？怪不得会被 Robo-Advisor 等各种 alpha 狗代替。

别闹。说着容易，做着难。先简单说说第一项：关于不断的学习与研究。

好的投资顾问，是不会在晚上 12 点之前睡觉的，1 点之前睡的也不多。别误会，他们第二天也没有资格在 8 点之后才起床。

白天，他们有太多客户的事情、交易的事情、生态圈的事情要处理。而从周五傍晚到周日下午，他们大多还必须出席各类重要的社会活动和公开场合，这还不含陪伴家人的时间。不少投资顾问，同时作为各类粉丝社团或公益组织的骨干人物，需要承担本职工作之外的重要职责，包括但不限于：商学院搞社团的、打高尔夫的、跑马拉松的、徒步穿戈壁的、要跆拳道的、练瑜伽的、跳芭蕾的、舞剑道的、信佛的、健身的、读诗的、公益教育的和保护猫猫狗狗的……他们的饮食，基本都是在工作或社交的进度中完成，大多数人在晚上 8 点以后才会晚餐，部分人甚至养成了没有晚餐、只吃夜宵的好习惯。于是乎，正常情况下，10 点多 11 点，他们回到家。学习和研究，just begin。

不论每个人学习和研究的顺序、节奏、计划有何不同，但简单展开，以下五大基本的学习和研究任务，需要长期利用每天剩余的 2~4 个小时来完成。

一、Daily Updates

刷网站和微信，了解今天发生了什么。除了那些所谓的世界大事、国家大事需要知道外（PEST），更重要的是：在投资和理财这个大圈里发生了什么。有什么事件或观点出现，涉及产品（Product）、投资模式（Model）、监管政策（Policy）、风险环境（Risk）和投资人（People）。这里的新（Updates），未必是指纯新的事儿或人，而是指发生的新闻和引起关注的观点。大量的阅读和记忆任务，以及在阅读之后，于自己关系网络中必要的 double check 和深度交流，至关重要。在中国，为了理解今天真的发生了什么，你必须问到至少 2 个直接知情人或参与者，才能基本把握真相，并以此为基础形成一定的推理判断。

二、Hard Knowledge

金融投资是一个充斥着各种学历和认证的地方，也是一个十分认可学历和认证的圈子。除了国家规定的各种职业资格证，逼得从大佬到菜鸟都要去填答题卡外，MBA 或金融经济的 Master，往往是规定动作；自选动作包括但不限于 CFP、FRM、CFA、CPA 等若干。不少投资顾问即使并不在乎去拿到这个证，但他们依然会选择买来大块头的相关书籍或教材，熬夜啃读。这还真不是装，因为如果不去读懂这些东西，还真就做不好这份工作。

Hard Knowledge 的学习和研读，是大多数投资顾问最基础的和最 disciplined 的修炼，没有这样的修炼，不揪掉几百根头发，喝下 100 杯 double-shot espresso，基本谈不上为客户研究和分析风险。谈了，也是话术层面，到不了心智层面。

三、Product Details

这是最烦人的。因为在今天中国的理财市场上，产品实在太多。基本上，每一个产品都有至少 4 份基本材料要学习和分析。产品说明书、产品详细介绍、产品合同、与认购签署产品相关的法律、税务等声明文件。请注意，不是所有产品都是余额宝、信托或公募基金，投资人可能看都不带看条款就敢下单。很多由专业理财顾问分析和推荐的投资产品，都是非标产品。从固定收益到资本市场相关到私募股权投资，到海外投资等各种另类投资，文书看起来像章节标题，但内容和含义大相径庭。没有 Hard Knowledge 的良好积累，根本都读不懂产品文书的内容和细节，更别谈进一步的解释和投资者教育。投资顾问需要研究和分析的文档量，以及文档的独特性和复杂性，呈现量级的暴增。即使一个财富管理公司或资产管理平台，一个月只上线 10 种产品，也有着 40 份以上的文书要阅读——在客户投资之前。

在投资完成之后，于法定或合同预定的定期披露时段，每一个产品还会增加一份材料：投后披露报告。这是很恼人的。因为不管涨跌赚赔，都得说得清、道得明，逻辑清晰、事实明确。很多理财产品的投后报告还会分作两个文档，一个是由会计师事务所出具的审计报告，以图表和会计风格语言为模式；另一个是由投资管理人出具的业绩阐述报告，以文字加图表的投资语言为模式。投资顾问需对会计和审计有基础认知，才能把每个产品的投后报告看懂。

四、Soft Knowledge

Soft, but So Important. 这里所谓软知识，其实是其他行业或其他金融细分领域的硬知识。这些软知识，久而久之，会非常直接地作用于我们的风险研究和投资判断，从而巨大地影响硬知识效能的发挥。因为不管什么样的投资，钱最终都是投资到行业里去的。比如，行业认知。对地产有多少了解？对 TMT 有多少了解？对医疗有多少了解？对 Fintech 这个细分领域又有多了解？行业周期、盈利模式、领袖人物、技术变革，四个大基本面，能不能快速和清晰地提笔写下基本逻辑和重要事实，就在一张纸上。再比如，法律知识、税务知识，关于中国政治和监管的知识，这些看似周边的软知识、甚或是常识，对我们发挥前面三项学习和研究的效能，有显著影响。

软知识的学习，一靠大量阅读，二靠结交其他行业里专业且靠谱的人士。然后，聊，定期聊，不定期聊。冰冻三尺，非一日之寒。

五、Philosophic Reading

最后，终于该睡觉了。床头放着几本书，不读睡不着的那种：*The Most Important Thing by Howard Marks*，*Security Analysis by Benjamin Graham*，*or The Alchemy of Finance by George Soros*，这属于正常理财

顾问的哲学读物。威廉·曼彻斯特的《光荣与梦想》、托马斯·皮凯蒂的《21 世纪资本论》，or 凯文·凯利的《必然》，是文艺理财顾问的哲学读物。还有《货币战争》、《货币战争 2》、《货币战争 3》和《货币战争 4》，这是不靠谱理财顾问的选择。

既然经济是L型，理财顾问该为客户做什么?

2016—05—30

理财顾问是干什么的？观点不怕重复。任务一：帮助客户研究风险；任务二：向客户解释和分析风险；任务三：帮助客户管理风险。我曾分享了任务一应该如何完成。今天，咱们谈谈任务二。

出于习惯，Business People 总是喜欢在一段时间之后就抛出一些新的分析或新的观点，吸引眼球，拉动注意力，进而提高销售额或市场占有率。非常好，也许网红、直播或凉茶们可以这么顽皮，但投资与理财，最好别老是推陈出新。

以下这整段话，是我2015年12月中在“2016，属于中国的财富管理元年”里写下的文字，半年过去了，虽然漏洞百出，但让我觉得需要调整的updated并不多。这真不是我有啥水平或运气好，这其实只是最质朴的道理和最直白的现实。你谈或者不谈，它就在那里。

“对于中国的财富管理行业来说，从2016到未来一段时间：

（1）无风险或低风险的固定收益投资将彻底告别2位数时代，安全资产的稀缺将进一步拉低其收益率。

（2）人民币汇率承压导致的海外投资将成为亿万理财者的跟风举动，持有美元将成为从富裕人群到普通群众的热门话题。

（3）中国大妈们应该不会再去抢购黄金白银，大宗商品的底部盘旋让她们对油价、金价、铜价不再有激情。

（4）2015 年的教训很疼，2016 年的理财者对资本市场不会再那么容易有 high 的情绪，股神和大官儿的落马给他们心灵带来的“创伤”尚未痊愈。人们对股市投资的信心，更需要真刀真枪的盈利创造，而不是在各级市场之间玩投资并购而产生的商誉。

（5）在固定收益和股票相关类产品上乏善可陈，为了满足中国投资者的偏好，私募股权投资很快走下神坛。“旧时王谢堂前燕，飞入寻常百姓家”，各类机构向投资人推荐私募股权投资，不再只是一种点缀或特殊竞争力，而将变得如两年前推荐 P2P 一样的“简单”而“广泛”。

（6）科技创新将从资产端向资金端延伸，互联网和大数据的运用，不仅仅扎根到资产生产的过程中，而很快渗透进入资金获取端，更好的支持投资顾问，为客户提供更加完善、透明、智能和有人情味的财富管理服务。

大家没有时间继续读大段的事实陈述和分析，因为抄来抄去、图来表往，其实都差不多。直入主题，如果经济确实是 L 型，if not even worse，理财顾问们该对客户阐释什么？

Total Review ASAP

抓紧时间，和客户一起全面检视在过去所做投资的所有项目和产品的合同及相应文书，为可能在年中或年终财报中出现的浮亏或实亏项目，寻找确保权利受到保护、投资策略可以有效调整、投资仓位能够合理调配的条款和证据，并做好相应争议处置的准备。当然，客户的投资组合可以非常 Robust，那也是在你检视之后的结论。

理财产品的损益，不论一级市场，还是资本市场；不论标准化产品，还是另类投资，本质上就是从实体经济传导到一二级市场的价格表现，进而再传导到产品盈亏的逻辑链条。随着国内外宏观经济环境、从中观到微观的杠杆情势、相关行业和领域的周期明确、监管和市场双向挤压下资产管理者的道德风险等风险明朗化，客户在 2015 年年中前后所投资的理财产品，正面临一波风险的集中释放。作为理财顾问，尽快梳理客户 12~18 个月间所有的投资情况，为可能需要做出的动作积累数据、资料、证据，并随时做好情况解释，是基本要务。

A good FOF is much better than an “exciting” project

股权投资是机会，但不要着急，踏踏实实，仔细看，慢慢找。在实体经济运行的底部和新经济机会孕育的初期，M2 以百分之十几的速度增长，各种新技术、新模式层出不穷，确实会涌现出不少好的股权投资机会。于是吴晓波说，唯有创业和创投，能扛住泡沫。此话不假。但请注意，他是基于整个中国宏观经济发展来看的，而不是基于客户的 portfolio 来谈的。

当下情势，普通投资人，宜减少寻找监管套利、并购套利、市场价差套利的单一项目或单一基金的投资机会；宜避免 1~3 年内就承诺退出的投资项目；宜避免技术虽然很炫酷，但用户价值和应用场景并不究竟的早期项目。因为在目前情势下，快和短，不仅没有规避风险，反而可能是走进了投机过度或逆向选择的漩涡，掉坑概率较高。

相反，有着优秀业绩历史和严格的管理纪律、投资策略的基金、母基金（FOF），在行业、地域、投资阶段、退出策略等方面合理多元化，投资期和退出期安排比较沉着，虽然看起来有些长、有点累、有点杂，但恰好是有可能载你度过周期之海的方舟。

提醒一句：如何为客户挑选股权投资基金，不论是Fund，还是FOF，我之前有专门一篇文章讲过，大家可读，谨防马甲FOF。

风险防御

最后一点，如果客户还在事业的扩张期、在经营企业，或者家人、孩子还在经营企业，那么这段时间，建议客户少打球潜水拍照，先把一件可能迟迟尚未完成的事安排下：企业、个人、家庭三方面的风险或交叉风险，是否已很好地规划和安排；必要的财富传承计划和税收筹划，是否已经做好。

当然，如果客户都安排OK了，那多锻炼身体，就是王道。

作为客户的投资顾问，理财顾问是一份与风险打交道的职业。如果说资产配置是理财顾问最重要的硬技能，那么体味周期就是咱最重要的软品质。是，经济增长和欣欣向荣不会是永远的。但，L型难道就会是永远的吗？1637年，1857年，1929年，1973年，2008年。时间轴上，没有什么是永远的，哪怕衰退。

一张表搞明白：怎么把理财产品看清楚/想清楚/说清楚

2016-08-29

理财顾问思考和阐述理财产品的黄金结构

产品大类/结构逻辑	宏观	中观	微观
固定收益类 含P2P及各种结构下的 债权类产品	Growth and Stability 经济增长与稳定 Interest Rate 利率情形 Currency/FX 汇率情形 Macro Credit Scenario 宏观信用环境	Industry Prospectus 行业前景 Industry Risk Level 行业风险水平 Average Return/Logic 行业平均回报及回报逻辑 Risk Control Practices 行业风控实践	Particular Underlying 具体底层资产 Particular Risks 具体风险 Risk Management 具体风控方法 Credit Enforcement 增信保障 Terms/Slang 术语与行话解释
证券基金类 含MOM、FOF和其他 结构化产品	General Market Circle 整体市场周期判断 General Risk Scenario 整体市场风险情形 Regulatory Mindset 监管思考框架 Market Temperature 市场整体情绪	Segments Analysis 板块或细分领域分析 Tactics Analysis 策略方法分析 Time Analysis 投资时点分析 Discipline Explanation 投资纪律阐释 Present Practices 目前投资实践分享	Manager 管理人介绍 Track Record Exposure 历史业绩详细披露 Model Detail Exposure 策略细节解释 Risk Management 风险管理模式解释 Return & Carry 收益及分成方法解释 Risk Remind/Post-in 风险提示与投后服务说明 Terms/Slang 术语与行话解释

续表

产品大类 / 结构逻辑	宏观	中观	微观
私募股权投资类 含 FOF	General Circle/Turns 整体宏观周期判断 Chances/Trends/Techs 机会与趋势 / 科技发展 Regulatory Mindset 监管思考框架 History Tells 整体历史投资与回报分析 Long-Term Risk 长期风险考量	Segments Analysis 板块或细分领域分析 Segment Stages/Circle 细分领域投资阶段和周期 Diversification Tactics 分散化策略：项目 / 基金 Deal Sourcing 项目资源来源 Discipline Explanation 投资纪律阐释	Team/Key Man 投资团队和关键人介绍 Track Record Exposure 历史投资与退出业绩披露 Potential Deals 潜在投资机会（如许可） Portfolios Exposure 持有项目披露（如许可） Return & Carry 收益及分成方法解释 Risk Remind/Post-in 风险提示与投后服务说明 Terms/Slang 术语与行话解释
保险类	Growth and Stability 经济增长与稳定 Interest Rate 利率情形 Currency/FX 汇率情形 Long-Term Risk 长期风险考量 Basic Functions 保险基础功能解释	Type Detail 具体类型解释 Term/Structure Detail 保单结构与术语解释 Scenarios Analysis 典型场景分析 Claim Policy 理赔和处置的一般政策 Regulatory Rules 监管要求与规定	Policy/Clause Details 客户保单条款解释 Underwriting Process 客户投保与承保流程解释 Service Reminding 客户可获得服务的提示 Risk Remind/Post-in 风险提示与投后服务说明
移民等高端服务类 如移民·留学·高端 医疗·海外置业等	PEST Analysis 宏观社会经济趋势情势 Macro-Risk Scenario 宏观风险环境综述 Industry knowledge 行业知识分享和说明	Relevant Best Practices 相关领域最佳实践案例 Relevant Regulation 相关领域监管规范 Industry Practitioner 优秀行业服务者介绍 Process and Procedure 过程和服务环节介绍 Legal Issues 法律事宜说明	Provider Selection 供应商选择方案说明 Solution Description 解决方案详解 Cost and Benefits 成本与益处分析 Risk & Worst Scenario 风险与最坏情况揭示 Services & Schedule 服务细节与执行进程 Terms/Slang 术语与行话解释

续表

产品大类 / 结构逻辑	宏观	中观	微观
海外家族信托	暂略	暂略	暂略
其他另类投资	暂略	暂略	暂略

理财顾问的五个角色：学习顾问、产品顾问、资产配置顾问、事务顾问、投资顾问。之前我们已经解释过学习顾问的职责和做法，我们继续下一个话题：产品顾问。

对于大多数投资者和大多数执业者而言，理财顾问是实践领域的职业服务人士，而不是经济金融学教授、专业研究人员或投资的具体执行者。因此，我们并没有、也不可能要求理财顾问，对纷繁复杂的金融理财产品具备如细分领域研究学者或产品经理、基金经理一般的深度了解和经验；也不可能且不必要把产品经理或投研团队对产品或项目的全部尽职调查（due diligence）详细信息全盘讲给客户听，这样反而会引起客户的信息冗余和不必要的恐慌或混淆。

但是，这并不等于理财顾问可以对产品没有判断力，而把思考、阐述、解释产品的工作，全部交给某产品经理、甚至客户自己来完成。仅甘于当一个 relation manager 的理财顾问（重音是 relation，关系），要么在可见的 5 年里被 RA 或其他 Fintech 技术淘汰；要么在可见的 5 年里，不断感受自己收入下滑的曲线。

纵轴，囊括了 90% 以上财富管理公司在架 90% 以上的产品类型；横轴，是分别从宏观、中观、微观三个维度为大家整理的思考与表达要点。按照这个指引框架，不仅能够有效促进咨询的成功概率，也基本符合勤勉尽责的执业要求。

当然，你还可以增加更多的东西进入这张表格，并形成自己独有的思考和表达模式。结合自己学习与经历的专长，不同的理财顾问可在如下各不同部分，增加更多的个性化内容和要诀。但是，顾问云研究团队认为，如下表格已代表理财顾问思考与表达金融理财产品的“最小完备集合”，可多，却不可少。

在投资理财行业这个行业里，最重要的交易环节：客户面谈咨询。因为，这不仅决定了交易能不能发生，能不能达成投资人与代理人或受托人之间的协定，更直接影响着交易的合法性、合理性、科学性、完整性，并作用于整个交易存续期的风险和机构服务水平的评价。有时坐电梯，会看到某些从业者对一些投资人以极不合理、甚至严重违法的方式推销自己的产品，让我不得不想起鲁迅先生的一句话：哀其不幸，怒其不争。这句话，同时送给这样的同行和这样的客户。

表中是思考与表达的逻辑和要点，而不是产品细节信息。因此，理财产品说明书中关于产品名称、产品期限、预期收益、产品风险评级、合同条款解释、托管银行、起投金额、打款账号、产品基本结构等等的必备、必披露的简单信息，不在表中赘述。上述最小完备集逻辑，也欢迎专业理财顾问结合自身实践，提出丰富意见。

“不能刷银联买香港保险了”，點解?

2016—10—30

不让刷银联卡买香港保险了。确实给不少人添加了一些麻烦。包括我自己。我也有一张香港重疾保单，不让刷银联卡续单，就得跑去银行开一个香港的银行账号，换汇，安排当地的电汇或支票付款。比起以前，反正每年冬天深圳、香港都要去，顺便去IFC刷下卡，找当地朋友们聊聊天，再到铜锣湾山鸡和陈浩南的场子买双打折皮鞋，确实有些影响。

和以往对待几乎所有金融监管的态度很像，我们又看到网上各种破口大骂，觉得严重影响了自己的利益；更有甚者，已经想出各种奇招，思考如何“应对”新的监管，怎么招也要把钱搬出去。我个人觉得，这次和以往不同。有三种人大骂此次监管动作，是完全可以理解、无可厚非的：一是做香港保险生意的人，二是想转移资产的人，三是不想待在中国的人。如何理解这三句话？业内人士心知肚明；吃瓜群众，直接忽略即可。

致力于长期从事资产管理和财富管理的职业人士，需要稳健的纪律与平和的心态。擅长发现机会，不等于做一个机会主义者。研究和理解监管的目的，不在于逃避监管或者故意钻监管的空子，而是要思考投资实践和监管制度之间的良性互动如何达成，使得自己的生意能够长期促进公司、客户和社会相关利益群体的共赢。而不要因为自己难以抑制的阶段性“癫狂”，逼迫任何一方不得不出手，最后摧毁整个原本良性的价值链条和生态关系。赚钱可以，别只是你一个人赚。最终，其实谁都不会受益。我说这段话，不针对任何具体人、具体事，而是泛指财富管理这个生意里的所有人和所有事。

保险，本来是一种必要的金融产品。保障及资产安排，是保险在整个资产组合中起到重要作用的价值所在。中国人，需要买保险。但在实践中，由于香港保险业务本身的盈利模式可观，以及通过买个别险种，使得从人民币变成美元或港币更加便捷、低成本，便成为中国广大投资人继黄金、股票、房产之后的热门品种。可惜的是，中国是一个“蝗虫式”、而非“园丁式”的财富管理大众客群，什么东西成为热门，什么东西就会迅速火热、甚至疯狂。然后呢，就容易整过了。

那些一下子刷卡几百下，一下子数百万美元买香港年金的壕哥，你知不知道你刚刚在一间小小的香港保险经纪公司的办公室里，做空了一千万多人民币？暂且不说你刷卡出去之后，在国家税务方面对监管而言意味着什么。你有钱，你牛叉，你一买就是 10 年期缴的年金，意味着你“有责任、有义务”从 2017 年开始，连续 9 年每年做空一千多万人民币。中国壕哥何止你一个。多的不说，假设全中国就 10000 个和你一样的壕哥这么做，那就锁定了未来一千多亿人民币的空单。泱泱大国，说起来也不缺这点美元。但因为你的壮举和保险经纪或代理机构推波助澜的宣传和朋友圈嗜血展示，掀起了中国 1000 多万大众富裕家庭的热情。如果他们之中一半的家庭，决定去买 5 万美元的香港保险（这还没有超过法定的外汇额度），就是超过 2500 亿美元。你觉得，你要是监管，还会允许这种事情毫无限制的、如手握沙粒般的发生下去吗？

我们把话说回来。壕哥你真的觉得，你买了几千万美元的年金，就很合适、赚大发了吗？没有合理资产配置规划前提下，对任何一种投资或金融单品的集中度过高，都不是件好事情。

从微观上讲，人民币是在贬值，但美元依然是低息货币，人民币相对美元依然是高息货币。中国目前的投资环境中，刚兑前提下的投资回报率依然年化在 5 或 6 以上。而你到了香港和美国，如果你要刚兑，就要买美国、日本、德国等经济大国的国债。不好意思，美国 10 年期国债利率是 1.849，1 年期只有 0.654，而日本和德国已经是负利率时代。俄罗斯 10 年期国债你要不要？ 8.58。你说你买成企业债，穆迪 AAA 企业债的收益率是大概 4%（没人说不会被调级）。如果你追求风险回报，那好说，ETF 可以有，对冲基金可以有，私募股权也可以有，但这一切的最终效果都取决于你的投资组合策略和基金选择是否有效。中国投资人被忽悠的概率大于能挣到钱的概率，大很多。同时，现金往往是保单融资出来的钱。暂且不说很多私人银行或者保险公司给你做融资时是有融资成本和额度比例的（cash flow 的匹配需要做一些细节安排），在可投资种类上，融资机构也有不少限制。那么，在你大额转移资金的过程前，有没有做好规划呢？

从中观和宏观上讲，如果你的生意还在中国，先不说爱国青年的话，你真的希望人民币不断贬值吗。人的立场都是由自己的仓位决定的。壕哥们尴尬的局面在于，大家实体收入的仓位其实大多都在中国，中国好，你才好。你大把大把地把钱换成外国的虚拟资产。说简单一点，一边在中国市场这里挣到人民币，然后另一边不断跟随 short 人民币的大潮，变成美元虚拟资产，进而让自己在中国市场挣到的人民币更加不值钱，然后不得不继续 short 人民币变成美元虚拟资产。知道这与个体无关，我只是描述了一下情况。

这里我引申一下，大家有没有看到国家监管层面，对中国国有或民营资本的直投海外项目或企业并购，有限制资金出境吗？没有。为什么？因为作为一种国际化货币和一个新兴经济体，用自己的外汇储备换成全球的实物资产，产生权益的未来收入和一定意义上的影响力、控制权，不论短期还是长远看，确实有利于这个国家和国民的整体福利。而壕哥和不知情的吃瓜群众，不论自己需要不需要那么多的美元、不管自己是不是有做好投资规划的安排、不顾自己能不能看懂美元投资的合同或密密麻麻的繁体字保险协议，就跟炒黄金一样把在中国挣到的钱换成美元，然后把这些钱在未来 30 年、甚至更长时间的低成本使用权，交给了美英德加的保险公司，自然是本国监管不愿意看到的。这跟生意是否挣钱和我的个人态度无关，这就是现实的利益格局。

这也许又是一次矫枉过正。这件事情发生后，对于我们这种生活在北京良好空气环境下的吃瓜群众，买了个重疾险，保个未来不怕病死的保险基础功能的需求者而言，真心话，那就是躺枪。但对于那些大把大把，把在中国挣到的钱，换成美元搬出去的壕哥来说，也未必是件好事。哥你以为你的钱搬出去了，就没有人惦记你吗，游戏才刚刚开始。

不要浮夸任何一种金融产品的功效，更不要把监管套利当成一种行为习惯，这也许是个小 lesson，但也是财富管理从业者想要做 10 年、20 年的基本素养。

如果你的客户是明星，如何履行理财顾问的责任?

2016—08—14

中国有一群新富，和其他的新富不太一样。他们不是靠开公司、创业或者炒房炒股赚的钱，而是靠：出名。

出名和投资一样，timing 真的很重要。你出名在 20 世纪三四十年代，哪怕是叶问也没戏拍；你出名在 50 年代，需要接受社会主义改造；你出名在 66 年到 76 年，好好活着，去生产队学习插秧；你出名在 80 年代，必须上春晚，否则就是小打小闹；你出名在 20 世纪 90 年代，基本奠定了江湖大佬的地位；你出名在 21 世纪最初 10 年，名利双收，政商上宾；万一你点儿正，出名在当下，那你基本上就是后金融危机时代中国货币政策的最佳受益者。因为央行能够印出钱，却印不出万人痴迷的你。

理财顾问，需要对各个阶层和社会工种的代际变化有敏锐的感知。潮起潮落，沧海桑田，客户如同海中岛、山中松，谁第一个发现并真心诚意地服务之，打下信任的基础，谁就能获得先机。中国社会，正迎来一个体育明星、演艺明星等各种明星爆发式增长的时代，这一群新富，不仅是数量上的增加，更是财富量级的提升。

简单举几个例子：

电影明星的片酬，近几年按照年化40%以上平均速度增长。以一些香港明星的片酬增长为例，小于1000万的明星已是少数。

电视剧市场，随着网络IP平台的兴起，加上近5年来地方卫视的强力增长，明星们的片酬收入暴增。一二线明星的电视剧每集片酬，30万、50万以上的比比皆是。前段时间传出，某朱姓明星，以90万一集电视剧的价格，超越了某胡姓明星84万的片酬，引起一阵哗然。如果是40集的电视剧，该明星一部电视剧的税前收入就是3600万人民币。

你可能觉得这是老红的明星了，很正常。咱另举两个例子。零零后天团，你知道他们受邀的商演出场费，一首歌多少钱吗？50万起。这只是一小部分，他们主要收入，包括各类发行收入、专场演唱会、商品代言及广告。洪荒之力的傅某某，前两天不小心上了一个直播平台，短短一场直播里，傅某某不断地告诉粉丝，“不要给我钱！”可最后，各种送花献礼的合计金额是多少？30多万！这只是一场直播，而且是一场正经的、脱离了低级趣味的直播。你造吗？就在此时此刻，在网红世界里，又有多少千万级高净值客户诞生了。

体育呢？全民健身兴起，大家各种练肌肉，各种跑，看各种球，把新一代中国体育富豪们撑出了水面。姚明啥的咱就不废话了，咱说说现在。以中超为例，按照2015年的统计，前五位中超高薪球队的全体球员平均薪水，都在50万美元以上。请注意，这只是薪水，不含奖金、公关和广告等收入。

再看看那些在中国淘金的老外球员的收入，更让人咋舌。拉维奇1300万欧元一年，是欧元！

我想告诉大家：中国有这样一群新富，真的需要有专业的人士去服务他们。

其实，在财富管理行业发展相对成熟和发达的美国，为名人，即celebrities，做理财顾问（Financial Advisor），是不少专业从业者的重要工作。从美国的实践来看，体育和影视明星在投资理财方面，往往需要专业FA给予如下帮助：

- 大多数明星属于新富，在生涯早期就获取了大量现金财富，但职业期短且不确定性强，FA需要一方面提醒客户注意合理节俭，制订开支计划；另一方面，尽快将现金收入投入能够产生稳定现金流回报的资产中。
- 大多数明星对金融、法律、税务没有深入的认知，容易忽视收入的合法性和税收处理，需要FA给予即时的提醒和帮助，解决法律和税务风险。
- 大多数明星容易轻信自己的亲信或朋友（如：宋姓经纪人），而不相信第三方顾问或专业人士意见，从而导致明星其实是欺诈的高发受害人群。他们更容易相信那些看起来对自己好的人，而不去深究顾问的专业性和职业度。这不是开玩笑的，“杀死比尔”里的Uma Thurman曾被亲信骗走100万美元；“刺杀肯尼迪”里的Kevin Bacon，是庞氏骗局发明者麦道夫的受害者；就连银屏上的硬汉和大坏蛋，Sylvester Stallone（史泰龙）和Al Pacino（阿尔·帕奇诺），也曾被不靠谱的顾问给骗过。
- 大多数明星，尤其体育明星，只有10~15年的黄金生涯，他们需要穿越周期的考虑，有两点和常人不同：他们必须考虑第二个生意或长期投资；他们必须在只有30岁的时候，就把退休设计好。

如果你的客户是明星？作为TA的理财顾问，你应该如何履行你的受托者责任，这将成为中国第一代专业从业者，必须认真思考的问题。

论理财顾问的政治修养

2016—11—09

理财顾问需要关心政治吗？答案是确定的：是的，需要。这不仅是为了刷下朋友圈，或者，和客户吃饭时有一些谈资——当然，这也是有必要性的。理解政治，是宏观上思考资产配置的基本策略，中观上分析行业和区域市场风险，微观上判断项目风险和投资预期的重要辅助信息与技能。不过，需要特别注意的是，关于政治的阴谋论思维方式，或者过于渲染政治对投资实践的影响，大多数情况下是极其错误和危险的，也不是一个职业的理财顾问应该有的行为举止。

曾任普林斯顿大学历史系主任、美国历史学会主席的历史学家，Joseph Strayer 写过这样一段话："今天，我们视国家的存在为理所当然。虽然我们不满足于它的要求，抱怨它越来越多地侵蚀了私人空间，但也很难想象没有国家存在的生活状态。在现代世界里，最可怕的命运莫过于失去自己的国家。一个没有家庭的人，可以有一个合理而完整的生活，对于没有宗教归属的人也如此。但如果他没有国家，就什么也不是。(《现代国家的起源》，1970 年)" 大多数人容易懒于深刻思考自己已经习以为常的事务，比如：国家的运行机制。但其实，今天我们所做的所有投资分析和经济思考，都是在国家这一最重要的政治载体中去实现的。

GDP、通胀、利率、汇率与国际收支平衡，这四个基本的宏观经济主题，都是以国家或类似国家的主权形态作为主要分析单位和对象的。而行业分析、产业分析、区域分析、竞争分析、技术发展分析、市场分析、消费者分析，也大多是以国家为范围开展的顶层思考，并一以贯之。按照地理或者洲际层次的分析，往往只能起到微小的现实指导作用。一个国家按照什么样的方式在运转，如何产生最高领导层，如何建立立法、司法和行政机制去统御国民，如何设计从国到县/市/郡/区的治理结构和官僚体系，如何安排税收和转移支付，如何在中央与地方、联邦与各州之间分配财税资源，如何安排一代人与下一代人、一类国民与另一类国民之间的福利模式，如何保护自己的安全和利益，如何选择敌人或设计假想的敌人、并与之开展竞争甚或战争，如何不断扩大自己的软硬实力，这一切的一切都组成了这个国家的政治。

不可避免的是，理财顾问，从资产配置服务的一开始，就已经和国家与政治挂上了钩。你选择在一个国家的资本市场进行股票投资，你选择用某一国央行发行的货币进行海外投资，你选择注册成立于某一国的创新公司进行私募股权投资，你选择某一个国家法律体系下的信托结构或者保险合约进行财产的保障和传承安排，这一切的一切，都是这个国家政治制度和最新政策具体且直接的干预对象。

因此，对政治制度和政策毫无敏感和常识的理财顾问，难以胜任今时今日的投资管理职责。哪怕那些号称专心研究数字和图形、潜心于基本面和价值、关心量化和算法的私募或对冲基金合伙人，也很难完全脱身于政治。这也解释了，为什么那么大年纪的巴菲特还积极参与希拉里的竞选拉票活动，而哪怕索罗斯和 Renaissance 的罗伯特·墨瑟这样的人，也大把大把地把钱捐给美国两党的总统候选人。钱不是白给的。

理解政治，需要掌握基础的知识，建立正规的信息获取方式和分析逻辑。今天，我们看到很多理财顾问在朋友圈刷美国总统大选的新闻。还有一些图文，直接指出对于各种资产应该如何配置。感觉一个美国总统，就是各种大类资产上升或下降的必要充分条件。短期看，如果你是一个华尔街的 trader，也许还是有道理的。因为市场的情绪和波动，对于你的仓位和杠杆有直接的瞬时冲击。但如果你是一个中国的理财者，就因为这个事件而开始大量改变自己的资产配置策略和大类资产仓位，就有点太把自己当回事了。资产配置的大师、耶鲁大学基金的首席投资官 David Swensen 有一本经典的讲大类资产配置的教科书，*Unconventional Success：A Fundamental Approach to Personal Investment*，论述了数十年甚至近百年的数据和资产配置思考逻辑，里面没有一段话论述需要根据总统大选或者政府换届就调整仓位。原因倒不是因为政治不会影响经济，而是因为政治从中长期看，有一个发生作用的机制和过程，而不是立等可取。

那些制作各种图片，告诉大家应该超配什么、低配什么的人，是不是知道美国还有两个机构叫 Senate（http：//www.senate.gov/）和 House（http：//www.house.gov/）。Senate 里面，有来自两党的、50 个州共计 100 个 Senator（首都哥伦比亚特区是没有参议员的，跟咱北京市委书记不是一个概念）；House 里面，有同样来自两党的、不得超过 435 个 Congressmen 和 Congress women（首都 DC 有 1 名众议员席位），而总统的很多行动，都要推动这将近 500 个人的群体达成一定程度的共识，才能变成联邦层面的法律或者政策。而这些法律和政策，到各个州又需要和各个州的立法司法行政制度去调和与折中，才能变成落地的政策和规定，继而作用于市场和经济实体。你以为川普说在墨西哥边境修围墙，就能修吗？然后修围墙的公司基本面就会好吗？这不是他以前在自己公司盖写字楼。修围墙花谁的钱，那几百张嘴同意吗，这都是需要很多轮讨论的问题。如果你真打算投资一个围墙修建公司的股票，关心修围墙行业的基本政策变化，那建议你可以打开电视，等着看 PBS 的议会讨论转播。这种大事，肯定是全国直播的。而不是凭借川普在大选时的发言表态，就假设成为美国未来几年落地执行的经济和外交政策。

更加深入的理解和分析，需要大家多阅读、多观察、多体验。就能知道，为什么每次总统大选的第一个投票的州是新罕布什尔？为什么今晨人们很在意佛罗里达的选举情势？为什么很多州都还没有投票完成、就已断言投票结果？为什么北京时间上午 10：02 的时候，CNN 写的投票数据是希拉里 97 比 84 领先川普，而 Fox News 写的是川普 133 比 97 领先希拉里？但二者其实都没有什么错。在花边和信息、凑热闹与思考之间，隔着转发 1000 个朋友圈的距离。

同样的例子说回中国。中国的理财顾问，更需要对中国的政治，建立基础的认知和养成健康的思维习惯。一些基础的常识需要知道，比如：中国只有一个核心。每年秋天习总牵头的大会是党中央的大会，而每年春节后那个大会是全国人大的会，这两个会有什么区别。中国最核心的决策层，依次是总书记、政治局常委、政治局委员、中央委员和中央候补委员；中央委员 200 个左右，中央候补委员不到 200 个人，这不到 400 个党员是真正影响国家大政方针政策的核心集团。国办和中办有什么区别；中央财经领导小组和国务院，在领导国家经济工作中的角色有什么区别。从副科到正部，一个中国典型官员的基础晋升路径是什么，如果你的同学35岁是副处，这具体意味着什么。网信办、工信部、国家新闻出版广电总局，对我们投资的TMT项目，比如直播平台、手游项目、娱乐公司都会有什么样的政策法规影响。最直接的，一行三会是干吗的，基金业协会是干吗的，外管局是干吗的，金融办又是干吗的。缺乏对中国政治制度和行政模式的基础理解，我很难想象这家资管或财富管理机构能够在中国本土实现什么长期稳健的投资回报。同样的道理，也适用于理财顾问个人。长期从正规的官方媒体和网站上获取一手政策信息；结交体制内靠谱的朋友，并积极向他们了解学习最新的政策导向，是比较健康的信息和知识获取方式。而不是和北京的出租车司机神侃国家大事。

最后一点，理解政治，切忌阴谋论。一个成熟的理财顾问，首先应该避免让客户的投资暴露在特别直接的政治风险和关联中，更不要涉嫌违法和过度的监管套利。自1995年9月十四届五中全会以来，中国已有十多位中央委员（均是副部级以上干部）在中央全会上被撤销了职务。与此同时，在思考和分析投资时，作为一个理财顾问，不要用阴谋论，也不要假设自己的盈利和损失，是来自于所谓的关系或者政治因素。最简单的政治因素分析方法，可以借鉴PEST分析。主要关注点在于政府相关的监管政策法律、监管机构的效率和行为方式和具有显著意义的司法判例，比如：政局稳定和清廉、官僚机构的文化和官员行事风格、相关贸易政策、税收政策、知识产权保护、资产保护政策、相关劳动雇佣法规、环境保护法规等。

解释五花八门理财产品的基本方法·讲清楚篇

2016—11—21

有不少投资理财咨询，只有故事，缺乏逻辑。这不仅在普通投资理财者中很常见，甚至在从业者中间，依然普遍。至今还会遇到各领域和细分行业的理财顾问或投资咨询顾问，说起宏观经济、中国股市、人民币走势和某个火爆的项目，有降龙十八种套路，但整体上对如何解释和阐明投资理财产品的基本类型及其不同的投资属性，缺少必要的梳理和思考的章法。

行业里存在一些概念上误用。比如，普遍使用的一种分类取材于理财金字塔：一般的，从下往上，表述为：保险保障、现金管理、固定收益、股票相关（浮动收益）、另类投资等等，自下而上排成一个等腰三角形。这种分法的基本逻辑是风险等级评定，暗示着：越往三角形上端走，风险等级就越高，而在三角形底部的部分，就是低风险、甚至无风险。同时，这一形状也暗示着投入资金的比例，即：越往底盘走，意味着应该占更大的比例，而在塔尖的部分，则应该占越小的比例。这两种暗示，本身并无问题，作为学习和思考的框架可行。但在行业实践中，却出现了一些误读和误导。

举例而言：从严格定义上讲，固定收益理财产品是指以诸如银行定期存款、大额保单、发达地区国债、较高投资级别以上的债券组成的，利息收益稳定且具有低风险特征的标准化证券或凭证。但在中国的行业现实中，不少机构将P2P、私募债、夹层融资债、保理或融资租赁等业务形成的债权收益等，仅仅因为看起来类似债券的“利息＋本金”的结构模式，就统称为固定收益或者类固定收益。其实，严格意义上讲，这类资产中的不少，已属于另类投资的范围，其风险等级甚至不亚于A股市场的共同基金。看似固收、却并不固收，这是一个典型的概念误用。很多客户认为自己购买了年化9%的固定收益产品；但其实，你买的是一个风险定价为15%的另类资产（虽然你只拿到9%）。

还比如，将保险类产品放在三角形底部，本意表达的：是让理财者足额配置寿险、健康、意外等以高杠杆保障为基本投资特征的保险产品。而在今天中国的财富管理行业，尤其针对富裕人群和高净值客户做的保险规划和产品建议上，保单更大的价值在于家族财富安排、税收规避、风险隔离、移民前准备，甚至在于跨境资产安排。保险，已不仅仅是一种产品类型，而本身甚至可以构成一种顶层设计。在这一实践中，投资人和理财顾问将考虑的复杂程度，及其中的代理人风险、法律风险、政策风险、利率及汇率风险、道德风险，已跟传统意义上的保障类保险产品有巨大的差异。

因此，仅仅按照“收益—本金”的简单构成模式为客户定义和解释产品，或者只是根据某类产品的名称向客户说明其意义和功能，可能混淆视听，或者大而化之，并不究竟。于是，我们建议理财顾问，可以使用“交易对手逻辑”和“产品要素逻辑”来讲清楚理财产品；然后，采用“配置实践逻辑”把理财产品讲漂亮。这样，才能给客户做出专业而有深度的投资咨询。

Counterparty 交易对手逻辑 + Factors 产品要素逻辑——讲清楚

Risk-Return 收益风险逻辑——讲精彩

Counterparty 交易对手逻辑：谁是你的交易对手。

投资理财这一行为的本质，是一种交易。交易的核心要素之一：谁是你的交易对手。你购买的任何一种理财产品，都是由一个交易对手卖给你的。要讲清楚理财产品，首先需要讲清楚你的交易对手是谁。在中国，什么样的机构都在发售什么样的理财产品，受到谁和什么样的法律监管，他们有什么样的生产和制造流程，这是一个投资理财者或者理财顾问必须掌握的基础知识和分类逻辑。很多时候，同样的底层资产表现，仅因为交易对手不同，客户的收益可能有天壤之别。

理财顾问从交易对手出发解释理财产品，可用一个简明的分类方法：商业银行理财产品、信托产品、券商资管计划、基金公司公募产品、基金公司及其子公司的资管计划、保险公司产品以及私募投资基金。

在解释交易对手时，一般而言可围绕如下几个点回答：他是谁；他可以为你做什么；谁在监管他；他有什么细分类型；他发行产品的类型或风险等级有哪些；他发行产品的流程和要求是什么。实践中并不复杂，以下两个短例子供大家参考使用：

例一：

由银行发售的“商业银行理财计划”，最早相对明细的监管条例是2005年银监会发布的《商业银行个人理财业务管理暂行办法》，规定了什么叫“综合理财业务”，基本明确了银行理财业务所具有的“委托代理”法律关系。但在实践中，中国的银行理财业务，又分为表内理财和表外理财，最大的差异在于：表内理财一般所指都是保本型、零风险的理财产品，担负着银行的声誉，形成了隐性的刚性兑付机制。本质上讲，表内理财中银行与投资客户的关系,已具有债权债务关系的特征。而表外理财，则是指客户将资金委托给银行，银行按照理财产品的合同约定，作为受托人为客户（受益人）运作资产，委托人（即投资客户）承担其中的风险和收益。

银行理财产品的主要监管机构是银监会，在机构和产品准入、产品发行流程、信息披露等要求，可以说是各类发行主体中最为严格的。在风险等级划定中，也更加明确，分作 5 个不同的风险评级：一级为保本型理财产品，从二级到五级，都属于非保本浮动收益理财产品。不同风险评级下的产品，在可投资对象上有相对十分严格的规定，向下兼容：风险等级高的理财产品可以投资风险等级低的理财产品的金融工具或资产类型，反之禁止。从央行票据、国债，到复杂的金融衍生品，就是从一级到五级的跨度。不同等级的理财产品，在销售流程、认购条件、投资人风险级别认定等方面，自然也有差异。

简单说，在理财顾问为客户咨询银行理财产品时，需要阐明的一些信息包括：

（1）银行的理财产品发行与募集，有着最为严苛的规定和流程。作为中国理财市场毫无疑问的最大份额拥有者，银行理财目前依然是广大投资人的普及型选择。银行作为理财产品的交易对手，其信用等级毋庸置疑。

（2）银行理财未必都是保本，一样可能会投资于高风险等级的资产，也并不全部确保刚性兑付本金和收益。那么，如果在银行选择高风险理财产品时，其管理人的优势在哪，其交易成本如何，值得慎思。

（3）银行理财的资金门槛较低，因此主要服务的客群并不专门针对高净值客户或富裕阶层，而以公募的标准化产品为绝大多数。

例二：

目前市场上比较火热的私募投资基金，是按照交易对手分类这一横轴的最右端。按照证监会《私募投资基金监督管理暂行办法》的定义，私募投资基金是指在中国境内，以非公开方式向投资者募集资金设立的投资基金。

私募基金可投资的财产包括：股票、股权、债券、期货、期权、基金份额等投资合同约定的其他投资标的。可见，范围之广，是大多数其他交易对手可发售产品难以超越的。私募基金大体上又分为私募股权投资基金和私募证券投资基金两大类，近期崛起的类型还包括私募房地产基金和私募母基金（股权类或证券类均有）。在不同种类私募基金之间，偶尔有人或团队能兼而为之，但能够长期做出超越市场平均业绩的人或团队，世间鲜有。

从法律形态上讲，私募基金虽然都叫基金，但其发行主体分作三种基本形态：公司制、信托制和合伙企业制（最为常用）。近期，也有不少采用契约型基金的形式组成的私募基金。但严格意义上讲，契约型基金不是一个法律认可的独立法人实体，在退出时存在一定的操作风险和税收适用的不确定性。因此，虽然私募基金的主要监管机构是证监会，但不同形态的私募基金，却可能受到不同法律、政策和监管机构的管辖。比如，成立合伙企业制的私募基金，主要参照的是《合伙企业法》，其登记备案制度主要是在证监会下辖的基金业协会完成；而成立信托制的私募基金，则要涉及《信托法》、《信托公司管理办法》和《信托公司集合资金信托集合管理办法》等的规定，除了证监会依然作为监管部门外，自然也就和信托的主管机构——银监会发生了被监管关系。

相较于前一个例子，即商业银行理财产品，私募基金在准入、发行、募集、披露、收益模式等各个方面，对发行主体的要求，大相径庭。说得直白一点，如果你的交易对手是私募基金，那他所面对的监管广度、深度和复杂度，比较商业银行要宽松很多。更多的灵活度、更多的不透明、更多的信息不对称，就带来了更多的交易风险。这也是为什么，证监会不允许任何形式的私募基金向非合格投资人进行宣传和销售。而相伴而来的是，在收益实现方面，私募基金有着更加鼓励基金管理人发挥自身能动性和专业投资能力的利益结构设计，比如，2/20；这也是为什么人们会看到很多天赋异禀、投资能力强和经验丰富的投资管理人及其群体，会纷纷创办自己的私募基金，以期为客户和自己获得超越市场的回报。

通过两个简明的讲解例子，可以看出：我们根据交易对手（发行主体）的不同，为客户解释理财产品，在实践中有着现实意义。不同的发行主体，意味着不同的监管主体和监管模式、力度，更意味着投资所暗含风险和收益的不同特征。没有哪一条法律说银行的表内理财或者信托公司的集合信托就必须刚兑，但迄今为止毫无例外。公募基金做到 20% 的年化收益，早已被基民吹捧；而私募基金的投资人拿到 20% 的 IRR 之后，头都不回就去寻找其他 GP 了。更值得深思的是，同样的投资管理人，处在不同的位置上时，面对投资人和 LP 的心态、投资策略、风险偏好和内心深处那个道德选择，也是有区别的。

基于交易对手（counterparty）的深入了解和剖析，对我们为客户分析和解释理财产品，讲清楚产品特征，是一份基础工作。

Factors 产品要素逻辑：你的产品是如何构建的。

简明交易对手分析解释法	
商业银行理财产品	保本型理财；非保本浮收益理财
信托产品	集合信托；单一信托；财产权信托
券商资管计划	定向资管；集合资管；专项资管
基金公司公募产品	股票型；债券型；货币型；混合型；指数型
基金公司及其子公司的资管计划	专项资产管理计划：股权类；债权类；收益权类；混合类
保险公司产品	分红保险；投资连结保险，万能保险；投资型保险
私募投资基金	证券类（阳光私募、对冲基金）股权类（早期、成长期、Pre-LPO、并购、PIPE）房地产类；母基金类（FOF、MOM）

比按照发行主体（交易对手）分类方法更加深入一层，理财者、理财顾问可根据金融理财产品的要素，对理财产品进行思考和解释。每一种理财产品都体现为一个契约、合同、协议，而这个契约对于如下要素的约定和说明，就构成了你所谓“购买”的理财产品：

①法律关系，②募集方式，③设立目标，④大类资产类型，⑤投资管理策略，⑥运营模式与结构设计，⑦风险机制。其中，法律关系细分为三种（委托代理、信托、债权债务）；募集方式细分做两种（公募；私募，其中私募又可以分作单一委托人或多名委托人）；设立目标可按照三个角度分类（管理的责任主体、受益的主体、主要的设立目标），每种又

<table>
<tr><th colspan="3">简明产品要素分析解释法
部分参考书目:《中国财富管理市场制设计研究》，经济管理出版社</th></tr>
<tr><td rowspan="3">法律关系</td><td colspan="2">委托代理关系</td></tr>
<tr><td colspan="2">信托关系</td></tr>
<tr><td colspan="2">债权债务关系</td></tr>
<tr><td rowspan="2">募集方式</td><td>公开募集</td><td>众多委托人</td></tr>
<tr><td>非公开募集（私募）</td><td>单一委托人</td></tr>
<tr><td rowspan="6">设立目标</td><td rowspan="2">管理责任主体</td><td>通道类</td></tr>
<tr><td>主动管理类</td></tr>
<tr><td rowspan="2">受益主体</td><td>白益类</td></tr>
<tr><td>他益类</td></tr>
<tr><td rowspan="2">主要目标</td><td>投资</td></tr>
<tr><td>保障</td></tr>
<tr><td rowspan="9">大类资产类型</td><td rowspan="3">传统资产</td><td>股票</td></tr>
<tr><td>债券</td></tr>
<tr><td>货币</td></tr>
<tr><td rowspan="6">另类投资
Alternative Assets</td><td>股权</td></tr>
<tr><td>非标债权</td></tr>
<tr><td>大宗商品及商品衍生品</td></tr>
<tr><td>房地产</td></tr>
<tr><td>金融衍生品</td></tr>
<tr><td>另类实物资产（艺术品）</td></tr>
<tr><td rowspan="8">投资管理策略</td><td rowspan="2">主动型 Active</td><td>方向动量类</td></tr>
<tr><td>对冲管理类</td></tr>
<tr><td rowspan="2">被动型 Passive</td><td>持有到期型</td></tr>
<tr><td>指数型</td></tr>
<tr><td rowspan="2">流动性设计</td><td>开放式</td></tr>
<tr><td>封闭式：有二级市场 / 无二级市场</td></tr>
<tr><td rowspan="2">产品估值方法</td><td>Mark to Market</td></tr>
<tr><td>Mark to Model</td></tr>
<tr><td rowspan="7">运营模式与结构设计</td><td rowspan="2">计价货币</td><td>人民币</td></tr>
<tr><td>外币</td></tr>
<tr><td rowspan="2">收益分配方式</td><td>结构化</td></tr>
<tr><td>非结构化</td></tr>
<tr><td rowspan="3">费率模式</td><td>固定费率</td></tr>
<tr><td>固定 + 浮动费率</td></tr>
<tr><td>固定 +Carry 分成</td></tr>
<tr><td rowspan="5">风险机制</td><td rowspan="4">增信与保护</td><td>抵押担保</td></tr>
<tr><td>回购安排</td></tr>
<tr><td>优先劣后</td></tr>
<tr><td>风险自担</td></tr>
<tr><td>风险评级</td><td>低；中；高</td></tr>
</table>

大致可以分作两个细类；大类资产类别可大致分作传统资产类三种（股票、债券、货币工具）和另类投资类，在另类投资类里又可以分作大概六个细类；投资的管理策略五花八门，但基本上有两种（主动型，主要是方向型和对冲型；被动型，基本分作指数型和持有到期型）；运营模式和结构设计的因素比较多，可以分作五个角度 11 个细分维度，涉及产品的流动性如何管理、披露时估值的方法是什么、计价的货币是什么、投资人之间的收益分配模式和流程是什么、投资人和管理人之间的费率和分成机制是什么，等等；最后，在风险机制上，分别从风险评级和增信及保护设计两个角度来分析要素；风险可以概括为三个不同的风险等级，增信保护中大体有四种风险结构的安排和设计。

不难发现，按照产品结构和要素来思考理财产品，能够把理财产品理解和剖析得十分全面和深入。虽然不同结构安排与要素组合，理论上能够为市场提供数十、甚至上百种不同特性的理财产品——这还没有包括由投资理财产品衍生的其他服务或金融需求，比如高端事务需求（由投资联动的教育、医疗、移民安排）以及融资需求（由投资和保单联动的境内外融资需求），但在实际中，不同的市场周期和客户需求模式下，大致通行的理财产品大多在 20 种以内。投资人和理财顾问掌握了要素分析和解释的基本能力，对帮助大家掌握和思考这 20 种以内的常见产品，就足够了。

篇幅有限，我们不在此详细举例赘述，大家可参照表格，逐一查询和仔细研读。基本功，还是需要炼的。作为理财顾问，掌握基于交易对手的解释逻辑和基于产品要素的解释逻辑，就能够把投资理财的项目和产品分析明白，为客户讲解清楚。但作为一般投资人，要把上述知识和要点掌握，实属不易。因此在现实中，由于客户的金融投资知识并非专业，产品属性、合同条款纷繁复杂，理财顾问还需要掌握一种简洁有效、解释力强的方法：风险收益的配置实践逻辑（risk-return）。别紧张，这里用不着谈到马科维茨或尤金•法玛，我们将用最直接的二元矩阵，为客户讲解产品的风险收益判断和相应的资产配置安排。

解释多种多样理财产品的基本方法·讲精彩篇

2016—12—05

上一篇我谈了如何从交易对手（counterparty）的角度和产品构成要素（factors）的角度，把一款理财产品为客户解释清楚明白，尽量不落下任何关键信息，把产品的法律属性、要素结构、风险特征等讲明白。能够掌握上一篇内容的投资人和理财顾问，实属不易，但却可以形成对理财产品比较全面和细致的认知。但同时，上一篇的两个视角，在实践中却不太容易直接帮助我们形成对产品选择的决策。因此，本篇中我们给出另一个行之有效的解释和推理方法：收益风险分类的视角。

站在投资人和理财顾问的角度，穿透一切产品形态来看，所有的理财产品其实就是两个本质特征：一是预期收益（return），二是预期收益的确定性（volatility）。在这两个特征的基础之上，再赋予任何产品及其组合一个永恒的维度：时间，或者叫产品期限。关于时间的分析和解释，核心影响的对象是流动性需求；对进行投资周期和时机的判断，虽有一定影响力，但其实大多数情况下，产品期限并不是理财顾问解释产品的关键或难点。因此，在实践中，理财顾问分析和解释产品及产品组合配置的关键，其实就是两个数字：一个数字是预期的收益率，另一个数字是围绕这个收益率的波动性，或者叫风险。

比如，我们为客户解释一支银行保本型理财产品，期限一年，预期收益年化 3.5%。或者，我们为客户解释一个信托投资，集合信托，期限二年，预期收益年化 9%。再比如，我们为客户推荐一个刚刚发行的上市企业债，几个评级机构都是 AAA 评级，一年期，预期年化收益 6%。这类产品，虽然底层资产的属性、产品构成的形态、发行通道五花八门，但实践中，我们在说明了期限和预期收益率之后，客户大概就可基于这样的信息做出投资决策了。但是，如果我们今天推荐的，是一支私募企业债、一个受压债基金（distressed debt）、一个高成长企业债（venture lending debt）或一个 P2P 投资呢？虽然看起来都是债类，甚至都有写到投资合同里的预期收益率，但如果理财顾问只是说明收益和期限，分析和解释就不够充分了。更进一步讲，如果我们为客户解释的是一支量化对冲基金、一支私募股权基金、一个 FOF 或者 MOM 投资，单说一个期限和预期收益率，就远远不够了。今天，推荐大家一个简单明了的产品解释分析逻辑。

一、先分类：确定收益率 & 非确定收益类

所有的理财产品，按照发行方与投资人对收益的约定，仅分作两种：一种是确定收益类；简单说，即在发行方发行产品给客户时，不管底层资产是什么、产品形态是什么，是股也好、债也好、地产也好、外汇也罢，或者是 P2P 也好、契约型基金也好、有限合伙也好、信托也罢，发行方是不是确定了投资到期的预期收益率；在期限到时，不论底层资产的类型和表现具体如何，发行方明确答应要给到投资人那个提前说好

的、有零有整的、既不多也不少的收益率。凡是这类产品或投资项目，我们把它叫做“确定收益类”。请注意，这里我们说的“确定收益”，不是传统投资学概念上的固定收益（fixed income），也不是监管层面所谓保本保收益的意思。这种确定，是指发行人宣称或约定的确定，而不是产品本身属性或市场表现。相对的，另一种就好理解了，所谓非确定收益类；即在发行方发行产品时，并没有与客户约定到期时的收益率，而只是通过历史业绩也罢、预期业绩估算也好，给客户展望的一个可能实现的预期收益率或收益率区间，发行人也不对收益率做出任何书面或合同约定。我们把这类称为非确定收益类。在此分类基础上，分析和解释的逻辑顺承而来。

二、确定收益类，讲主体信用

既然是确定收益产品，那就是说，你已经跟我宣称，在一年之后，你将不多不少、有零有整，就给我 8%。如此，我就只关心一个事情：一年之后，不管外部发生了什么，你是不是且能不能给到我 8%。于是，我只想知道你实现该兑付的能力，也就是你的主体信用。

我们继续将确定收益类再分作“刚兑类”和“非刚兑类”。刚兑类分为两个细类：一是因监管惯例或投资结构要求，而实际上形成的结构性刚兑；二是因主体的信用几乎和政府无异，从而直接形成的主体刚兑现实。刚兑类，自然无须赘述。

相对复杂的，是非刚兑类。简单说来，我们可以从“发行人实力”、“增信保护”和“历史表现”三个方面展开解析，而每个方面还有一些基本的分析或技术。理财顾问可以层层递推，逐一给出正面（+）或负面（-）的评价，最后由客户综合信息之后，做出投资决策。如表 1 所示。

表 1 确定收益类的分析解释层次

<table>
<tr><td rowspan="9">确定收益类</td><td rowspan="2">刚兑型</td><td>结构性刚兑</td><td colspan="2">如：集合信托</td></tr>
<tr><td>主体性刚兑</td><td colspan="2">如：银行保本型产品、大型国企债券、政府担保融资项目等</td></tr>
<tr><td rowspan="7">非刚兑型</td><td rowspan="2">发行人实力</td><td>上市公司</td><td>是（+）不是（−）</td></tr>
<tr><td>机构评级</td><td>AAA（+）AA 以下（−）</td></tr>
<tr><td rowspan="4">增信保护</td><td>抵押物</td><td>是否有高质量、足额抵押物（+/−）</td></tr>
<tr><td>担保设计</td><td>是否有合理的担保结构设计（+/−）</td></tr>
<tr><td>回购安排</td><td>是否有大股东或母公司回购（+/−）</td></tr>
<tr><td>优先劣后</td><td>是否有充足的劣后级安排（+/−）</td></tr>
<tr><td>历史表现</td><td>完美兑付记录</td><td>是否有跨越经济及贷款周期的兑付记录（+/−）</td></tr>
</table>

举个例子：拿到一个 P2P 投资，首先判断肯定不属于刚兑型，于是分三个方面推演：(1) 发行人实力方面，该平台不是上市公司，也不是上市公司的子公司或子平台，负面；没有发行过资产证券化产品，也就没有可参照的评级，负面。(2) 增信保护方面，借款人是纯粹信贷，不是车贷、房贷或供应链融资，无任何形式的抵押物，负面；根据监管要求，P2P 需要去担保，因此没有担保安排，负面；母公司是全国性的龙头地产企业，承诺对违约债务做全额回购，正面；(3) 平台有设在银行的风险保证金池，透明可查，资金充足，无法挪用，出险后会直接用于垫付投资人的损失，正面。最后，历史表现方面，公司营业刚 2 年，但贷款周期大多是 36 或 48 月（期），还未积累足够的贷款兑付记录，负面。基于上述信息，客户和理财顾问可以做出综合评价，判断要不要持有这个发行方宣称确定收益为一年期年化 10% 的投资项目。

沿着这样的解释逻辑来讲述一个确定收益类产品，至少能够帮助客户和理财顾问对投资标的的整体情况，形成相对全面的理解。然后，再根据客户的风险承受能力（risk tolerance），及其对投资组合预期业绩的需要，做出投资决策。更加深入的考量，可以运用信贷风险管理的理论和技术，把机构评级这一指标，延展为发行主体的偿债能力分析。但在现实中，这类分析势必涉及大量围绕财务报表数据的尽职调查和综合指标分析，大多数情况下，已超出一般理财顾问或客户的信息掌握能力，更适合客户拟开展千万级别、甚至上亿的集中投入时采用。

提醒一点，确定收益类产品，跟它采用什么样的形式并没有直接关系。银行保本理财自然大多数是确定收益类，但不等于一支私募证券投资基金就不可以是确定收益类。关键点在于，一旦是发行方把一个确定的兑付收益写在合同里，宣称利息（收益）和本金是确定的，那么分析主体的信用，就要比分析解释其他信息更加直接、有效、简单。一个典型的例子，比如上市公司宜人贷和平安旗下的陆金所发行的P2P，从投资的严格定义上说，显然属于另类投资范围；但在投资实践中，却被广大投资人按照固定收益类来配置了。而实际上，这两个投资，都属于风险调整后收益相对较好的非刚兑型确定收益产品。

三、非确定收益类，谈人和策略

对于理财顾问的工作而言，更加复杂的，是向客户解释非确定收益类产品。由于收益是非确定的，即发行人并没有在合同中声明一个具体的预期收益数字或在产品说明书中写明兑付的收益率。因此，管理人及其团队本身，以及他们的投资策略，就成为理财顾问分析和解释的要点。同样道理，在划分时，也并不关心这个理财产品的具体构造形式，它是有限合伙、还是契约性基金、资管计划，并不影响其被视作非确定收益类，并对其管理人和管理人采用的策略做层层分析和解释。(如表 2 所示)

表 2　非确定收益类的分析解释层次

<table>
<tr><td rowspan="11">非确定收益类</td><td rowspan="2">管理人解释</td><td colspan="2">背景分析与介绍：学习经历、工作经历、行业评价</td></tr>
<tr><td colspan="2">策略经验及其历史表现：策略专注度、策略业绩比较、历史业绩归因</td></tr>
<tr><td rowspan="9">策略解释</td><td rowspan="3">底层资产分析</td><td>特征：股性、债性、商品性、货币性、衍生品性</td></tr>
<tr><td>周期：美林投资钟、细类周期</td></tr>
<tr><td>风险：影响表现的主要因素</td></tr>
<tr><td rowspan="2">收益场景</td><td>个案场景：该策略历史上盈利的场景</td></tr>
<tr><td>行业平均：盈利场景所在当时的行业表现</td></tr>
<tr><td rowspan="2">损失场景</td><td>个案场景：该策略历史上损失的场景</td></tr>
<tr><td>行业平均：损失场景所在当时的行业表现</td></tr>
<tr><td rowspan="2">交易模式</td><td>利益绑定设计：whose skin in the game</td></tr>
<tr><td>交易成本：fee/carry</td></tr>
</table>

简单说来，国内的阳光私募基金、海内外的量化对冲基金、CTA 基金、投资早期的 VC 基金、投资中晚期的 PE 基金或并购基金、各个主动管理策略的 Mutual Fund、甚至由专业中介机构提供的实体房地产投资等大多数主动管理（active）的理财产品或项目，都属于非确定收益类，都可以参照我上面的非确定收益类的分析解释层次，来为客户做产品解释和分析。

首先谈管理人解释。主要解释两个方面：一是管理人的背景分析和介绍，包括 TA 的学习经历、工作经历，以及针对 TA 或 TA 的团队重要的行业评价，比如各类权威获奖、被广泛认可的基金经理评级或评分、高声望专业人物或历史上重要投资人（LP）的证词或口碑等（注意：行业评价不要“出圈”找，避免被忽悠，比如听信如郎咸平这样的经济学家推荐 P2P 或者股权理财产品，就属于出圈寻找评价和背书，会很惨）。二是管理人在该产品策略上的经历和表现，主要细分三个解释点：策略的专注度——该管理人在该策略上专注和修炼的时间；策略业绩比较——该管理人的该策略在长期以来，与行业平均水平、与参照指数表现的差异；历史业绩归因——当该策略在历史上表现最好时，是因为什么样的原因；而当该策略在历史上表现最差时，又是因为什么样的原因。

其次谈策略解释。这就相对更加复杂，我们建议大家从以下四个方面开展，以方便客户充分掌握信息、形成认知，最终形成当时当下的投资决策。

（1）底层资产分析。这是最有专业难度的一部分，但也是理财顾问需要结合我上一篇文章，做长期修炼的部分。主要需要涉及的点包括：资产特性、资产周期和资产风险。资产特性方面，主要是按照底层资产是股、债、货币、商品、还是衍生品，进行基本特征的阐述。结合客户的专业水平，理财顾问需要深入浅出，恰到好处。资产周期则可以借鉴美林投资钟的方法和理论，结合诸如利率水平、汇率水平、平均 PE、指数表现等的历史位置，给客户一个宏观上周期是峰、还是谷的基础判断。资产风险，主要是从基础概念上，为客户解释影响不同底层资产表现的主要因素有哪些。

（2）收益场景描述和损失场景描述，是理财顾问给客户举例子的过程。找出该基金或该团队在历史上为客户赚钱或给客户赔钱的一到二个案例，全面细致地讲解赚钱和赔钱的外因、内因及其中实现的机制，然后与同期其他类似基金或项目表现的差异。让客户充分理解，为什么能赚钱，出现何种典型情势，会赔钱。这是针对风险披露的一个生动的教育过程。理财顾问要知道，只通过一个字不变的念合同完成的风险披露（虽然这是监管要求），是远远不够的。细致讲解赚和赔的案例，是帮助客户进入风险场景，感受收益和损失的最好方法。

（3）千万不能忽视的是解释交易模式。两个解释要点，一是解释利益绑定原则的实现形式。一个生动的英文短语，叫 skin in the game，描述管理人自身利益与投资人利益的绑定，以防范道德风险。但是，正如这个词所讲的，大多数情况下，由于管理人或 GP 在整个投资金额中，都只占有 1%、最多不超过 10% 的资金量，因此道德风险的防范仅靠 skin 是难以充分解释说明的。我延展一下，叫：whose skin in the game，即：除了你，还有谁是这个产品的大买家或 LP。知名企业、著名家族的老板或其家族基金、政府相关的投资基金、社保基金、险资资金、国际知名母基金，如果前述这些人或机构的钱（他们的 skin），也投了这个产品，那么你的投入可能就更加有确保了。第二个要点，自然是交易成本。管理人如何收取认购费、管理费，如何在实现收益时，与客户分成（carry），又如何在没有收益、甚至出现损失时，设置合理的分成模式，保障客户利益，甚至履行收益回拨条款（clawback）。

（4）理财顾问的职责之一，就是为客户开展产品咨询。以产品咨询为基础，资产配置服务才有前提条件。我们很难想象，一个连产品都解释不清晰或透彻的理财顾问，能够为客户提供综合的资产配置解决方案。我们这两篇关于如何解释理财产品的文章，加起来虽然已逾万字，但其实还远远没有展开。做一个专业的理财顾问，需要做的努力并不少。

如何攀上你的职涯顶峰？

2016—12—08

要想攀上自己的职涯顶峰——成立自己的财富管理工作室，需要做好资源、能力和策略三方面准备，三者相互关联，相互影响，缺一不可。其中，资源准备涉及资金、资产、牌照、客户和团队等五个方面。

一、资金准备

任何生意的启动，都需要初始投资，即启动资金。但启动一个财富管理工作室，其实并不需要太多的初始资金。财富管理机构的启动资金投入主要在三个方面：房租及装修、人员底薪和行政支持。

(1) 房租及装修是固定成本。北京、深圳等地金融区的写字楼房租大致在 15 ~ 25 元每平米每天，个别地标式建筑的房租可能在 30 元以上。上海由于金融及高端商务中心区较多，写字楼资源充沛，平均档次较高，反而价格显著低于北京，15 元以内就可有比较优质的办公环境，符合投资管理或高端咨询业务的需要。近年来，也有不少精品财富管理机构，初创地不选择北、上、广、深，而以杭州、苏州、南京等江浙集中富裕地区，或厦门、重庆等经济发展速度较快的主题性城市为起点，辐射周边富裕城市。这些城市优质的金融地段地租，大多都在 10 元左右。

因此，一个刚成立的财富管理工作室，不需要超过 200 平米的办公场地，房租等固定支出多则十几万、少则几万。从生意的角度，固定投入的负担并不大。

（2）人员薪资视初创规模，弹性很大，属于可变成本。一线城市资深理财顾问的无责任底薪大约在 12000 ~ 20000 元，有经验的产品经理、风控经理、运营经理、市场公关经理等职能端的底薪，可能相对更高。但人员需求量小，在初期既不需十分资深，也可选择一人多岗。加上社保、公积金等公司需要担负的支出，初创财富管理机构的人均薪资成本大约可控制在 20000 元每人每月。

提成和激励不算在初期成本中。因为给员工发提成时，意味着一定有新增资产管理量（FNG）和佣金收入产生（revenue），是收入带来的支出，而不是初始投入。

（3）至于行政支持和后勤成本，无非就是办公环境、办公网络及行政开支，在人员较少、规模不大时，每月至多数千元，只需做到不浪费即可。

财富管理业务是轻资产业务，初期的资金投入主要用于模式试错、团队搭建和市场探索。如此算来，300 万元以内的投入，已可支撑初期 6 个月以上没有收入的运营（worst situation scenario）。

因此，对于大多数资深理财顾问或管理者而言，启动资金其实并不是你创立自己工作室最大的短板。核心问题是：收入从哪里来，收支平衡如何实现。

二、资产和牌照准备

资产和牌照，可以合起来分析。大多数资深理财顾问，已积累了在行业内上下游的资源和关系，找来一些产品不是难事。但是获取和经营这些资产或者产品，需要更加细致的准备。

在自己创立工作室之后，三个问题需要想透：

（1）我们是否还能如以往一样获得资产端的产品支持，而不是人走茶凉；

（2）我们是否能够完成预约的募集要求，以维护稳定的资产端关系；

（3）我们是否能够为客户足额供应某一种或两种主要资产及服务（如保险、rolling 募资的私募基金、长期开放募资的阳光私募等），确保客户开发的第一步能够完成，积累 NTC。

在整个过程中，自然需要结合牌照资源的获得。私募基金管理人登记，是必须尽快完成的准备。其中，证券类管理人登记允许工作室能够发行证券类的基金，而股权类管理人登记允许机构发行股权类的基金。

为了能够销售其他著名机构发行的品牌基金，新成立的工作室还需要拥有基金销售牌照。近年来，这张牌照已极为稀缺，成本昂贵。对于初创工作室而言，选择与有牌照的基金、互金平台或券商合作，是更加经济的路径。

保险代理资质和私募基金管理人登记一样，是刚需。作为一种足量产品，初创工作室拿下保险代理牌照，通过保险产品和服务获取 NTC，搭建客户关系，快速实现收入，极为重要。一些精品和专项服务高端客户的机构，还需准备香港的证券从业系列牌照、保险代理牌照以及新加坡开展资产管理业务的 CMS 相应牌照，但初创期可暂缓。

从保险入手，以固收为主打、以二级为呼应，以另类为亮点，是大多数初创财富管理机构在产品层面的基本设计模式。这样的产品结构及相应牌照设计，自然就影响了收入模式，可以说是资深财富管理从业者在初创公司资源准备时的重中之重。

三、客户与团队准备

客户资源准备，其实和团队资源准备是一个硬币的两面。对于财富管理业务而言，初期客户资源中绝大多数，来自于团队资源。因此，在初创团队时，有多少名资深、资源丰富、专业水平高的理财顾问愿意加入团队，是初始客户资源积累的关键影响指标。

团队准备，自然涉及到公司的治理结构和利益模式设计。在海外，合伙人制是主要模式；而在国内，为了融资和公司治理结构的稳定及决策集中度，大多数初创工作室还是选择了公司制；但同时，通过有限合伙入股或其他股权激励的方式，设计团队初创成员的长期利益绑定和共享。

千万不要忽视财富管理机构的初始利益结构设计，这是团队搭建时期最重要的事情，直接定义了一家财富管理机构的利益分配基因，影响一个机构在做大、做强、做久之后的管理模式和人才模式。

随着行业的不断成熟与发展，互联网时代人才职涯模式的代际更替，我们相信，“利益分享”和“责任绑定”会成为未来新一代财富管理工作室、精品理财机构在初创时笃定的公司基因，而不是“你是老板、我来打工”的传统公司治理结构。

这一点，不仅会影响员工的利益，更会深刻影响到客户的利益。一个简单的问题：People Business，如果理财顾问和公司的利益都不能长远绑定，如何实现投资者和公司的利益长远绑定呢？

简单列举三个现实案例，作为系列文章的参考。

银行业背景资深从业者的现实参考：

秋实财富创始人张秋林女士，中国人民大学金融学硕士，哥伦比亚大学 MPA，2014 年于北京创立秋实财富。之前，任中信银行私人银行总经理。秋实财富于 2016 年完成了 A 轮融资，获得中金千万级别投资。

信托背景资深理财顾问的现实参考：

拾麦理财工作室创始人王伟强先生，浙江大学 MBA，CPB，2015 年于杭州创立拾麦理财工作室。之前，王伟强十年来先后供职浙商银行、杭州工商信托，从事财富管理业务。拾麦工作室采用“按照为客户提供的咨询规模（AUA，Asset Under Advice），向客户收取咨询费”的方式为主要收入模式。

独立三方财富管理机构资深从业者的现实参考：

旗亚资产，创始人蒋雪亚女士，南京农业大学英语系，2016 年于厦门创立旗亚资产。之前，先后任职汇丰银行、平安银行；2013 年，蒋雪亚加入上市之前的钜派（NYSE：JP），负责筹建厦门分公司，任总经理；随后，分管福建地区和广东地区的财富管理业务，任钜派华南区总经理。旗亚资产是近期刚刚初创的区域性精品财富管理机构。

我曾有一篇文章分析BCG2016年关于全球财富管理机构商业模式的报告。从广义的asset management角度，全球基本上有四种模式：α专营、β工场、解决方案提供商、分销大亨。站在财富管理业务的细分领域看，大多数初创财富管理机构，更多地把自己定位在解决方案提供商和分销大亨的发展路径上。这就涉及到公司初创团队的天然禀赋、能力建设及储备以及策略路径的选择。

理财顾问的高阶角色——成为客户的投资顾问

2016-12-12

在实务中，理财顾问做到一定程度之后，其初级阶段的角色功能虽然依旧重要，但却逐渐不再占用太多工作时间。从学习顾问角色来看，随着客户层次和客户投资经验的积累，需要新增的知识学习和信息获取，已不像最初时那么集中。加之理财顾问可以借助各类投资服务平台（如：Turnkey Asset Management Program）、科技工具（如：在线的理财顾问词典、理财顾问资产配置智能系统、客户风险测量系统等）的支持，理财顾问和投资人都可以及时、高效、便捷地完成学习和信息获取的任务。

产品顾问和资产配置顾问的职责，在最初服务客户时十分关键，是核心职责，占据主要工作时间。但随着客户风险水平、投资偏好、投资模式的稳定和常态化，投资组合及其具体的产品选择、资产配置，逐渐成为一个定期 review 和适时 rebalance 的工作，频率并不高。

事务管理顾问的角色，本身就不是一个高频场景，而是根据客户的衣食住行需要、消费需求、家庭成员阶段性需求等，为客户提供的与金融投资相关的必要的、定制化支持与服务。对于成熟的财富管理机构和资深理财顾问而言，事务管理顾问的角色履行，主要是通过开发和利用市场上已有的优质资源与合作伙伴，共同完成。

在上述角色和职责合格履行的基础上，高阶的理财顾问逐步发现，客户更深层次和复杂的金融投资需求将浮出水面。而理财顾问由于之前与客户紧密的合作及长期的信任关系，有机会在客户深层和复杂投资过程中，扮演十分重要的角色。

我们综合分析和梳理了中外一些典型私人银行或顶尖财富管理机构的案例和操作实践，将这一高阶角色总结为：投资顾问角色；其具体职责和任务内容已具备投行业务的色彩。

什么是投资银行业务？普通地理解，这其实是与商业银行相对应的一类金融机构的业务。某种意义上说，投资银行业务根本就不是银行业务，收入模式、服务模式甚至人才特质都大相径庭，Investment Bank 中的 Bank 一词，与大众对于 Bank 这个单词的基础认知有本质上的区别。通常地理解，人们把主要从事证券发行、承销、交易、企业重组、兼并与收购、投资分析、风险投资、项目融资等业务的非银行金融机构，都可以泛称为投行业务。投资银行家，其实就是资本市场上的金融中介。

投资银行，是典型的美国和欧洲大陆的称谓；在英国，人们也称之为商人银行；在日本，则更多地指证券公司。

在中国，我们往往将本土投行分作四个大类型：证券系投行、商业银行系投行、资管信托系投行及精品投行。主要的分类方法，是基于各自业务的源发起点，以及相应的专业禀赋。全球来看，可以分作这么几个类型：

第一类，独立的专业性投资银行。这也是目前大家更加熟悉的主要投行机构，遍布世界各地，比如耳熟能详的高盛、摩根士丹利等。

第二类，商业银行拥有的投资银行部或集团下属的投资银行公司。从产生沿革上，主要是商业银行通过兼并收购而延伸的业务，以参股或建立附属公司的方式来从事投资银行的生意，UBS、HSBC、Citi Group 等都是典型代表。

第三类，可看作所谓全能型银行直接经营的投资银行业务，这种形式主要出现在欧洲，银行在从事投资银行业务的同时，也大量从事商业银行业务，比如 Deutsche Bank（德意志银行）和瑞士信贷银行。

第四类，很少为普通投资人所知，但也一样在履行投资银行的业务职责，比如一些大型跨国公司兴办的财务公司，对集团公司而言具有战略意义。

站在理财顾问的角度，以客户为中心，服务客户关于投资理财的全面需求。而客户关于“钱”的服务需求，其实来源于三个角度：客户的生意（business），客户的投资（investment）和客户的家庭（family）。

如果说理财顾问的前四个角色，主要是服务于“客户的投资”和“客户的家庭”，那这第五个高阶角色，则主要是服务于“客户的生意”。

我们所服务的一半以上的客户，主要是企业主、合伙人或高管。客户的事业做大了，他的生意一定或多或少会与各式各样的投行业务打交道。在这个过程中，理财顾问作为客户长期以来十分信任的专业人士之一，需要扮演好两个基本角色：建议与监理，即：向客户提供合理的建议；与客户一道，监督服务方的工作。

没有人是全能专家，但从投资顾问这个角色执行上，理财顾问基本需要掌握 3 Knows 原则：Generally Know What，Clearly Know Who，and Roughly Know How。理财顾问要对与客户有关的投资银行业务的基本概念、内容、方法和政策有概括性和概念性的了解和掌握，并对相关的主要机构和玩家有清晰的认知和了解。知道面对什么需求，要做什么事情，找到什么样的人，大致什么样的流程。

关于高净值客户基本上会面临的与投行相关的业务类型，我们举例如下几类：

（1）证券承销

承销商是典型的投行。客户的公司要上市了，不论中、美、欧、港，不论主板、创业板、新三板，都会接触这个业务。主要承销模式分如下几类：

包销。主承销商和它的辛迪加成员，同意按照商定的价格购买发行的全部证券，然后再把这些证券卖给它们在资本市场上的客户。这时，客户作为证券的发行人，不承担发行失败的风险，风险转嫁到了投资银行的身上。核心的争议点在于：客户证券的定价是否合理。

投标承购。承销商们投标来承销客户发行的证券，通常是在投资银行处于被动竞争较强的情况下进行的。采用这种发行方式的证券通常都是信用较高，颇受投资者欢迎的债券。

代销。这一般是由于投资银行认为该证券的信用等级较低，承销风险大而形成的。这时，投资银行只接受客户的委托，代理其销售证券，如在规定的期限计划内发行的证券没有全部销售出去，则将剩余部分返回证券发行者，发行风险由发行者自己负担。

支持推销。当发行公司增资扩股时，其主要对象是现有股东，但又不能确保现有股东均认购其证券。为防止难以及时筹集到所需资金，甚至引起客户公司的股票价格下跌，发行方一般都要委托投资银行办理对现有股东发行新股的工作，从而将风险转嫁给投资银行。

（2）**证券私募发行**

证券的发行方式，按照募集对象和募集市场，又分作公募发行和私募发行。证券承销，实际上是公募发行。而私募发行模式下，客户作为发行者，不把证券售给社会公众，而是仅售给数量有限的机构投资者，如保险公司、共同基金、其他上市公司等。

私募发行不受公开发行的规章限制，除能节约发行时间和发行成本外，又能够比在公开市场上交易相同结构的证券给投资银行和投资者带来更高的收益率。所以，私募发行的规模近几年不断扩大。当然，从流动性、发行规模、扩大企业知名度等角度看，私募发行自然比公募发行的效果要差不少。

（3）**兼并与收购**

企业兼并与收购是现代投资银行除证券承销与经纪业务外，最重要的业务组成部分。投资银行帮助客户实现投资并购需求的服务有很多，比如寻找兼并与收购的对象、向猎手公司和猎物公司提供有关买卖价格或非价格条款的咨询和资讯、帮助猎手公司制订并购计划或帮助猎物公司针对恶意的收购制订反收购计划、帮助安排收购所需的杠杆资金和过桥贷款等等。当然，在整个过程中，还可能包括“垃圾债券”发行、公司改组、资产结构重组等活动。

中国正在迎来产业升级和产能整合的时代，客户生意很可能会面对兼并收购的需求，要么作为猎手、要么作为猎物，都需要投资银行业务参与进来。这可以说，是客户生意所面临的最大的变革或变化。一个高阶的理财顾问，出于为客户负责、以客户为中心的职责要求，需要全力协助客户，确保万无一失。

（4）**项目融资**

项目融资是对一个特定经济单位或项目策划安排的一揽子融资服务。客户的生意很有可能因项目而产生融资需求，而这个项目能够依赖项目本身产生的未来现金流和收益，作为未来的还款来源，并以该项目或公司的有形资产作为融资担保。投资银行在项目融资中，将为客户开展的主要工作包括项目评估、融资方案设计、法律文件的起草、推动信用评级、证券价格确定，最后也自然会参与承销等。

（5）**资产证券化**

典型意义上的资产证券化，是以特定资产或特定现金流为支持，发行可交易证券的一种融资模式。1970 年，美国政府的国民抵押协会，首次发行以抵押贷款组合为基础资产的抵押支持证券（MBS），完成了首笔资产证券化交易。目前，资产证券化逐渐成为一种被广泛采用的金融创新工具。房产抵押类资产自然是资产证券化的主要底层资产，而各类企业债务资产、项目债务资产、个人债务资产等，也逐渐进入资产债券化的实操范畴。

投资银行在这类业务中，通常把某公司的一定资产作为担保，进而开展证券发行，是一种与传统债券融资不同的新型融资方式。证券的发行人将持有的各种流动性相对较差的金融资产，如：住房抵押贷款、信用卡应收款、P2P 个人贷款债权等，分类整理，按照不同风险等级进行切分，出售给特定的交易组织。之后，再由特定的交易组织，比如投行，以买下的金融资产为担保，发行资产支持证券（ABS）。简单说，这一系列过程就称为资产证券化。资产证券化的购买者与持有人，在证券到期时可获本金、利息的偿付。证券偿付资金，来源于担保资产所创造的现金流量，即资产债务人按合同约定偿还的本金与利息。如果担保资产违约拒付，资产证券的清偿，也仅限于被证券化资产的数额，而金融资产的发起人或购买人无超过该资产限额的清偿义务。

从实际业务角度出发，我们建议中国本土的高阶理财顾问，需要在如下几个方面积累资源和人脉，加强学习，以在与客户生意相关的投资银行业务中，承担合理建议和谨慎监理的职责。

首先，拓宽投行领域的人脉资源和结交网络，保持业务学习和信息交流。在国内，中信、国泰、华泰等顶级券商的投行业务部门和前十信托公司，是该类业务人才、信息和资源的集中地。关键时刻，自己熟悉和长期信任的内部人士，往往能够给出更加中肯和客观的建议。难者不会，会者不难。

其次，加强自身综合金融知识的学习和研究，尤其对中国资本市场的规则、政策、历史沿革和重大新闻事件保持关注，并及时提供资讯和有价值观点给客户研读；而不能仅限于为客户提供一般投资理财服务所分享的信息和知识。

最后，在日常项目投资管理的过程中，除在资金端为理财客户提供服务外，尽量争取更多机会参与项目端的业务，比如项目或公司的估值、信用等级评估、交易结构设计、发行模式设计等，这些知识和技能，与典型投行业务虽然有深度和细节上的区别，但基本金融投资的逻辑和风险管理的模式及技术，是相通的。在未来协助客户开展投资银行类业务时，能够起到融会贯通，提高交流效率，降低信息不对称的作用。

不懂别瞎 BB：驳网红对中国财富管理行业的四个误解

2016—12—19

个别网红对中国财富管理行业的喷击，集中在线下机构问题多、双重收费、拿佣金就不独立、从业者年轻等方面。这些乍看起来有道理的说法，实际上却很空洞。只有在理解中国模式的前提下，才能更好地明白独立财富管理机构的运转方式、FOF 基金的收费原理，以及真正为投资人提供服务的，是怎样强大的一个团队。

出来喷击中国财富管理行业的网红很多。有网红说，中国大多数线下财富管理机构都存在问题，不靠谱；还有网红说，因为中国的 FOF 是双重收费，所以是坑爹的，应该让他去买 ETF；也有网红说，因为财富管理机构是拿佣金的，所以不独立，卖的东西都是别人卖不出去的垃圾；更有网红说，国外做理财顾问的都是四五十岁，而中国大多数是三十岁上下，所以不靠谱。

这四类网红，要么文不对题，要么不懂装懂，要么目的不纯，要么脱离实际。鉴定完毕。

一、理解中国模式

有网红说，中国大多数线下财富管理机构的模式都存在问题，不靠谱。

/驳/

财富管理业务和资产管理业务既有联系，也有区别。前者重在服务，后者重在产品。

前者以客户需求为中心，强调 Clients to Business，卖的其实不是金融产品，而是以金融产品为工具和组件的解决方案。根据解决方案的定制化程度差异，从纯粹的多产品渠道分销平台、到精品理财工作室和家族办公室，产生了一个 Solution Provider 的模式分布。后者以自身专业禀赋及相应风险管理能力为中心，典型 Business to Clients，卖的是 α 或 β，并根据风险管理专长及相应的产品规模差异，产生了从 Hedge Fund、VCPE 到 Mutual Fund 或 ETF Factory 的模式分布。

将服务者角色和产品供应者角色结合起来做，是中国目前领先财富管理机构的实践经验与方向之一。纽交所上市机构诺亚、钜派，P2P 业务纽交所上市、刚获得知名期刊《亚洲银行家》奖的宜信财富，及中植系代表企业恒天、大唐、新湖、高晟，虽然各自背景不同，但大都是财富管理和资产管理混合的业务模式，在内部职责和战略布局上各有侧重。这一路径选择，受到中国金融市场历史沿革、分业监管模式、行业竞争态势和机构发展禀赋四个方面的综合影响。

但总体来讲，中国的财富管理行业刚刚起步。一方面，行业的领头企业大多不超过 10 年的探索经验，模式有待进一步优化和深入；另一方面，还有很多其他模式探索正在发生。比如向客户收费模式，在中国并不新鲜，早已有人实践，且有复制发展的态势。面对这么一个具有浓厚本土监管特色、市场特色、客户特色的新兴服务业，言必称美国，动不动就把网上看来的美国实践当本质来比较，遇上不符合美国标准的模式就是存在问题的模式。我不知道这种观察和评论对于中国的行业实践者和投资人有什么意义。

最后，如果非说大多都存在问题，那请问一下，中国哪个线下服务行业（为啥不包括线上财富管理机构，我更不理解）敢说大多数不存在一定问题的？中国有近 2 万家在协会登记了的私募基金，大多数都不存在一定问题吗？谁来评判？如何评判？任何一个新兴行业，都经历从鱼龙混杂，通过大浪淘沙、优胜劣汰，到逐步规范、成熟发展的过程。我没有说目前这个行业是成熟完善的，实际上，还有很多地方需要自我反省、监督、进步。但是，指挥长江抗洪的领导，请先从银河里走出来。

二、FOF 收费就不合理了吗？

有网红说，因为中国的 FOF 是双重收费，所以是坑爹的，应该让他去买 ETF。

/ 驳 /

FOF 有 N 种，证券型、股权型、地产型以及由 FOF 演变而来的 MOM。从投资风格上讲，FOF 可以是被动投资，在中国更多的财富管理机构发行的是主动投资的 FOF。

FOF 这一层是否收费，首先不是可不可以的问题，而是有能力、没能力的问题。这取决于 FOF 管理方为客户提供的综合服务是否有价值；是否能够为客户提供超越市场回报的、风险调整后的收益；是否能够帮助终端投资人更好地分散投资风险、更好地获取稀缺且优质的基金管理人资源、是否能以相对低的门槛进入。

如果能，那么 FOF 管理人收费就有其成立的道理；而如果不能，那 FOF 管理人选择不收费，自有其考虑。这不是卖白菜，收费不等于不合理，不收费不等于就划算。

最基础的一个判断，ETF 是指数基金，任何人都可以投资，不需要合格投资人认定，卖的是市场回报。股权类、地产类 FOF 是另类投资，只有合格投资人可以参与，投资人来这里求的就是 α。没人说 ETF 不好，也没有人说 FOF 就一定能跑过 market return。但是，先假设 ETF 和 FOF 的回报在简单数字上是相似的，然后再拿 ETF 和 FOF 比价低，从前提到结论，都不严谨。

三、收佣金就不独立了吗？

有网红说，因为财富管理机构是拿佣金的，所以不独立，卖的东西都是别人卖不出去的垃圾货。

/ 驳 /

啥叫独立？财富管理机构的独立性，跟是否收取佣金没有必然关系。哪怕在声称独立理财顾问普及的美国，也一样没有完全停止佣金收入。

一个财富管理机构在服务客户时是否独立，关键是看其有没有独立的风险控制和投资决策体系；在确定为客户推荐某一产品的时候，是否受到来自任何一方的胁迫、压力或指示。独立财富管理机构的业务优势之一，就是它不隶属于任何所谓资产端，而可以根据自己的独立判断为客户提供解决方案及产品组合。但请注意，没有人说如果独立了，风险管理能力就无敌了。或者反过来说，也没有人说不独立，就不具备强大的风险管理能力。这本来就是两个话题。

至于佣金本身，其实已经 price 到一家成熟财富管理机构的风险管理委员会或投资委员会的风险定价和评估过程中了。一个有风控能力和独立风险管理体系的财富管理机构，看到一个 1 年期、给客户 8%、同时给自己 8% 的产品时，是不会傻到不把 8 加上 8 来思考问题的。而一个没有风控能力和风险管理体系的财富管理机构，哪怕只收了 0.5% 的佣金，也一样会让客户面临本金损失。

因此，客户挑选财富管理机构的关键，不是看他收不收佣金，是羊毛出在羊身上呢、还是猪身上，而是判断他有没有风险管理能力，看他给你推荐的底层资产或产品，是否通过了严格的风控程序。如果最终这个产品还是赔本了，不是因为他收佣金导致的，而是因为他在这个案子上风控出现错误而导致的。你可以因此怀疑他的风险管理能力，然后选择离开；而不是去纠结什么独立性。

有人说，跑路的机构就是因为渠道佣金高导致的。太天真了。我告诉你，如果今天的话题是道德风险，那佣金肯定不是他所图的，本金才是。

四、年轻就不靠谱了吗?

有网红说，国外做理财顾问的都是四五十岁的人，而中国大多数是三十岁上下的人，所以不靠谱。

/驳/

这个提法我最烦。问两个问题：你是直接从18岁变成50岁的吗？你以为火箭都是院士们制造的吗？提这个观点的人，忽视了两个最基本的发展规律：

（1）从业者培养需要时间；且在移动互联网和智能技术时代，在市场竞争激烈、创新不断涌现的行业中，人才成长的加速度明显提升。

（2）现代服务业从来都不是个人英雄主义获胜，而是组织能力获胜。

目前优秀的财富管理机构，其管理人才的构成主要是“挖角”传统金融机构的顶尖人士。这已是行业普遍现象。即使从一线员工的招聘来看，领先财富管理机构的新人入职标准，并不低于传统银行或券商的标准，甚至高于很多传统机构的要求。研究生、MBA、留学生、有海外金融行业从业背景和国内知名金融机构工作的年轻人，比比皆是。

人的能力是在业务中锻炼的。在独立财富管理机构工作的理财顾问，行业普遍认同，比在传统金融机构的业绩压力、监管压力、学习压力都更大。他们需要考取更多、更全的从业资质和证书，他们需要学习和掌握更多的产品类型，他们需要使用更炫酷的科技工具，他们需要具有更加国际化的能力和视野，他们必须参加更多的培训和投资论坛——这并不是因为他们比其他年轻人天生更加学霸或者勤劳，而是“生计所迫”，他们处在一个竞争激烈、优胜劣汰、快速迭代的细分市场里。最重要的是，他们正在服务越来越多的高净值客户，耳濡目染的体会和感受，逐渐培养了这些年轻人更加“早熟”的服务方式和思维模式。这一切历练，都是中国财富管理行业未来主力人才的储备基础。

那些对独立财富管理机构理财顾问的专业性嗤之以鼻的所谓网红知识分子不知道，就在短短的5年前，这些年轻人比现在要差多远!

Point在于：是什么，让当时的他们通过短短5年，取得了如此巨大的进步；是什么，使得5年前那些只愿意在GS、MS、Citi、HSBC、CBRE、JLL工作的年轻人，愿意加入独立财富管理机构做一名理财顾问。作为一个亲历者，我对个别所谓专家、网红，对独立财富管理机构年轻从业者的嗤之以鼻，就回答四个字：可笑至极。

最后一点，在今天的组织里工作，没有一个人是一个人在战斗。那个给你介绍FOF股权投资的理财顾问确实是28岁，但那个负责这个股权投资FOF的管理合伙人在这个行当里干了28年。那个给你解释2017年宏观投资趋势的理财顾问确实只有32岁，但那个写这份House View、培训大家理解这个House View的CIO在资产管理行业干了32年，当过2个顶级投资机构的CEO。

你以为服务你的只是一个年轻人，但其实那个为你做投资管理和服务的，是一台机器。你挑选好一台优质的机器，然后遇上一个好学、勤奋、诚实的年轻理财顾问，还有什么比这个更好吗？还是你打算反着来?

最后我补充一句。上面那个28岁的和32岁的人，不一定比这些所谓专家、学者、网红穷，甚至不一定比客户穷。人家家里不缺钱，人家年薪税后100万也不是什么难事。所以，也别问出："中国的理财顾问都是屌丝，怎么服务有钱人？"这种既没品，也没逻辑，还不一定符合实际的问题。

后　记

未来不是过去的延续

从 2014 年开始，我陆续写作一些随笔，记述自己在这个方兴未艾的行业中所观察到、体悟到的人、事和道理。不少文字，时过境迁，已现不足、甚至错误。但出版时，我并未修改，因为每一个想法都有时间维度。我不是学者，更不是作家。我写字不是为了写对，而是为了反思。

随笔的初衷，是把自己的感悟和总结分享给正在从事这个行业里奋战或者准备从事这个行业的人们，尤其是年轻人。我总是在说：做该做的，然后得到该得到的。只可惜的是，和所有均衡很像，这个均衡很难达到。

在本书里，我很少涉及如何理财、如何赚钱、如何分析经济或如何发现一本万利的投资机会，而是把更多的思考和文字，放在如何理解独立财富管理行业的价值，如何形成良性的客户关系，如何搭建和管理一家合格的财富管理机构，以及如何成为一名让人信赖的理财顾问上。大家都清楚，约束和限制中国独立财富管理行业不断发展，进而影响这一代从业者的职业生涯，并显著作用于中国广大高净值投资人的投资决策及其行为的关键，并不在于中国的专家教授们提高对经济、金融、投资的研究水平。更加具有实际意义的，是每一家从业机构的服务及管理水平、各监管部门的监管模式和能力，以及两个重要角色间的互动博弈：

理财顾问和投资者。

在过去三年间，我并不认为行业向社会交出了一份十分满意的答卷。令人咋舌的欺诈者新闻每年见诸媒体，使得千万家庭的储蓄和投资受损，同时也摧毁了很多年轻从业者的职业生涯和个人信誉，甚至是他们的生命和自由。现实中，欠缺风险管理能力和纯粹投机主义的机构和管理人依然存在，以各种花里胡哨的伎俩，迷惑不少主观上缺乏基本意识、客观上缺少基本能力的投资者。与此同时，不少有能力、有意愿长期认真从事真正财富管理服务的专业人士，却常因一刀切的垄断限制和成本极高的牌照门槛，被拒之门外。

有趣的是，这些疼痛感并没有浇灭人们投入财富管理行业大潮的兴趣和决心，不论是投资人、亦或从业者。承认自己贪婪和恐惧的天性，人难以抵抗对“钱生钱”模式的自然崇拜。有钱人不知疲倦、周而复始地寻找那些可以将“钱”注入的机会。于是，有人兜售各式各样的种子，仿佛“杰克的豌豆茎”一般，可以长到云间，去空中城堡攫取巨人的金币。这都不会变。

当然，未来不是过去的延续。还有很多东西会变，我会继续写，而NewBanker.cn 也会继续专注于中国独立财富管理行业的一线观察和思考。出书，只是我们每年的规定曲目。

感谢我的团队，正努力为中国的独立财富管理机构和理财顾问们，提供从科技到内容的工具包、高速路和生态园。

更感谢亲爱的读者们，是你们的支持和鼓励，让我这个以读书、思考、写字、说话为生的人，刷出了莫大的存在感。

李清昊

2017 年 1 月